개와 함께 살아남기!
재난 대비 생존북

일본 스태프
디자인　monostore(히다카 게이타, 사카이 아야카)
일러스트　후지사와 미카
기획·진행　혼다 마호

KETTEIBAN INUTO ISSHONI IKINOKORU BOUSAI BOOK
Copyright ⓒ Nitto Shoin Honsha Co., Ltd. 2021
All rights reserved.

No part of this book may be used or reproduced in any manner
what so ever without written permission except in the case of brief quotations
embodied in critical articles and reviews.

Originally published in Japan by Nitto Shoin Honsha Co., Ltd.
Korean Translation Copyright ⓒ 2025 by BOOKFACTORY DUBULU
Korean edition is published by arrangement with Nitto Shoin Honsha Co., Ltd.
through BC Agency.

이 책의 한국어판 저작권은 BC에이전시를 통해
저작권자와 독점계약을 맺은 책공장더불어에 있습니다.
저작권법에 의해 한국 내에서 보호를 받는 저작물이므로 무단전재와 복제를 금합니다.

수해·화재·지진, 재난의 시대에
소중한 개를 지키는 법

재난 대비 생존북
개와 함께 살아남기!

네코비요리 편집부 엮음 | 전화영 옮김

물품보다 중요한 것은 상상력이다

'반려동물 재난 대처법' 하면 대부분의 사람은 재난 대비 용품을 떠올린다. 그러나 보호자가 외출했을 때 재난이 발생하면 집에 어떤 물품이 있어도 도움이 되지 않는다. 또한 많은 물품을 이것저것 준비했어도 전부 다 들고 대피하기란 불가능하다. 개를 안고 집 밖으로 뛰쳐나가기에도 빠듯할 수 있다.

대피소에서 개와 함께 지내는 모습을 상상하는 사람도 있지만 대피소에서 지내는 것만이 대피 생활은 아니다. 집에서 대피 생활을 해야 하거나, 보호자는 대피소에서 지내면서 집에 두고 온 개를 돌보러 집을 오갈 수도 있다.

실제로 재난을 당해 본 적이 없는 사람은 막막하다. 그런 경우 재난 대비에도 허점이 생기기 쉽다.

물품 준비보다 중요한 것은 상상력이다. '밖에서 재난을 당했을 때', '집에서 재난을 당했을 때', '재난 시 개가 집에서 도망쳤을 때'와 같이 모든 상황을 가정하는 것이다. 그리고 그런 상황에 맞닥뜨렸을 때 어떻게 하면 좋을지 생각하고 실행하는 것이다.

이 책에서는 개와 함께 사는 사람이 갖추어야 할 재난 대응의 기본과 모든 상황을 가정한 대책 그리고 알아두는 것만으로도 쓸모 있는 다양한 아이디어를 소개한다.

이 책을 통해 개를 지키는 '나만의 재난 대응법'을 만들기를 바란다.

서문 **물품보다 중요한 것은 상상력이다** • 4

재난 발생! 시뮬레이션해 보기 • 8

재난 시 지켜야 할 기본 수칙 5
1 개를 지키려면 먼저 사람이 살아야 한다 • 12
2 반려동물과 보호자는 '재난 약자' • 14
3 필요한 대비는 집집마다 다르다 • 16
4 재난은 집에 있을 때만 일어나지 않는다 • 18
5 여러 피신처를 고려한다 • 20

1장 사전 대비만이 살길이다

동반 대피에 필요한 물품 • 24
먹을거리와 약 • 28
동물등록 마이크로칩과 인식표 • 32
배변 패드 활용법 • 34
켄넬과 그릇은 나중에 • 36
개와 사람이 공용으로 쓸 수 있는 물품 • 38
차박과 캠핑 용품 • 40

물품의 우선순위와 수납 • 42
지역의 재난 위험도 조사하기 • 44
집의 내진성 높이기 • 46
화재 위험성 낮추기 • 48
집 안 안전 대책 • 50
가까운 대피 장소 알아두기 • 52
개와 대피 훈련해 보기 • 54
서로 돕는 인맥이 중요하다 • 56
평소 개의 건강관리는 필수 • 58
꼭 필요한 개의 사회화 교육 • 60
　● 다양한 소리에 적응시키기 ● 다양한 사람에 적응시키기 ● 다양한 개에 적응시키기
　● 옷과 신발에 적응시키기
재난시 도움이 되는 명령어 • 65 / 문제행동은 전문가와 상의하기 • 67
개의 특징별(견종별) 개성 파악하기 • 68

2장 재난 발생 시 행동 요령

재난 발생 순간 어떻게 해야 할까 **사람이 우선 살아야 한다** • 72
재난 발생 직후 해야 할 일 **대피 경로를 확보한다** • 74
개를 데리고 갈 준비하기 **재빨리 리드줄을 맨다** • 76
집에 있을 때 재난 발생 **동반 대피가 원칙이다** • 78
산책 중에 재난 발생 **절대로 리드줄을 놓지 않는다** • 80
보호자 외출 중에 재난 발생 **바로 집에 가지 못할 때 개 안부 확인하기** • 82
밖에서 지진이 발생했을 때 몸을 지키는 방법 • 84
수해(호우, 홍수, 장마, 토사 재해 등) 발생 • 86
부상 또는 상태가 좋지 않을 때 개의 응급처치 • 90
　● 출혈 ● 골절·타박상 ● 화상 ● 열사병 ● 탈수 ● 저체온 ● 호흡 없음 ● 심폐정지
개가 겁을 먹었거나 다쳤을 때 잡는 자세 • 100

3장 슬기로운 대피 생활

대피는 대피소에서만 하는 게 아니다 • 104
개도 사람도 집 **집이 안전하면 집에서 대피** • 106
개는 집, 사람은 대피소 **개를 집에 두고 돌보기** • 108
개도 사람도 대피소 **개도 함께 대피소에 들어가려면** • 110
개도 사람도 대피소 **대피소에서 개를 돌보는 요령** • 112
개도 사람도 차 **차에서 개와 함께 지내기** • 116
개도 사람도 텐트 **텐트에서 개와 함께 지내기** • 118
도저히 돌볼 수 없다면 **개 맡기기** • 120
개의 더위 대책, 추위 대책 • 122
개를 잃어버렸다면 • 126
피해 복구하기 • 128
개와 임시주택에서 지내기 • 130
사람과 개의 외상후스트레스장애 • 131

부록

개를 위한 비상용품 목록 • 132
보호자를 위한 비상용품 목록 • 134
개 건강수첩 • 136
정보 수집&안부 확인 방법 • 138

재난 발생! 시뮬레이션해 보기

개와 외출했을 때 재난 발생

산책이나 동물병원에 가던 중에 재난이 발생할 수 있다. 개와 사람 모두 지킬 수 있도록 행동해야 한다.

➡ {80쪽} 절대로 리드줄을 놓지 않는다

집에 있을 때 재난 발생

늦은 밤이나 이른 아침에는 개와 보호자가 함께 집에 있는 경우가 많다. 자는 곳은 안전이 확보되어 있는가. 동반 대피를 하기는 쉬운가.

➡ {72쪽} 사람이 우선 살아야 한다

보호자가 외출했을 때 재난 발생

보호자가 외출했을 때 재난이 발생할 수 있다. 집에 있는 개의 안전은 확보되어 있는가.

➡ {50쪽} 집 안 안전 대책

귀가할 수 없다

귀가할 수 있다

귀가할 수 있다

집에 있으면 위험

집에 있어도 안전

개 탈출, 실종된 개 찾기
➡ {126쪽} 개를 잃어버렸다면

귀가할 수 없다

재난 발생 ▶ 6시간

어디서 재난을 당할지, 개와 함께 대피할 수 있는지, 대피 생활은 어디서 할지 등 다양한 상황을 염두해 보고 시뮬레이션해 보는 것이 중요하다.

개와 함께 대피

개도 반드시 데리고 대피한다. 곧 귀가할 수 있다고 생각해 개를 두고 갔다가 제한구역이 되면 귀가하지 못한다.

➡ {78쪽} 동반 대피가 원칙이다

→ 대피 생활

안전이 확보되면 귀가

집에서 대기

집의 붕괴, 화재 위험이 적어 긴급 대피가 필요 없을 때는 집에서 대기한다. 정보를 모으면서 언제든 대피할 수 있게 준비해 놓는다.

→ 대피 생활

안전이 확보되면 귀가

사람만 대피

외출 중에 재난이 발생해 귀가가 위험할 때는 가까운 대피소로 간다. 집에 있는 개가 무사한지 확인할 수 있는 방법을 알아둔다.

➡ {82쪽} 바로 집에 가지 못할 때 개 안부 확인하기

 귀가하지 못하면 헤어지게 된다

 12시간

대피 생활의 형태는 다양하다

개도 사람도 집
안전하다면 집에서 대피 생활을 한다. 친척 집 등에서 지낼 수도 있다.

➡ {106쪽} 집이 안전하면 집에서 대피

개도 사람도 차
눈치 보지 않고 개와 함께 있으려고 차박을 하기도 한다. 에어컨을 이용할 수 있는 게 장점이다.

➡ {116쪽} 차에서 개와 함께 지내기

개는 집, 사람은 대피소
사람은 대피소에서 지내면서 집에 있는 개를 돌보러 가는 생활이다.

➡ {108쪽} 개를 집에 두고 돌보기

개도 사람도 텐트
눈치 보지 않으려고 개와 함께 텐트 생활을 하기도 한다. 이코노미클래스증후군(좁은 공간에서 움직이지 않는 등의 이유로 혈액이 굳어 혈관을 막는 질환)의 위험이 적다.

➡ {118쪽} 텐트에서 개와 함께 지내기

개도 사람도 대피소
반려동물을 허용하는 대피소라면 개와 함께한다. 동물을 좋아하지 않거나 알레르기가 있는 사람도 있으니 배려한다.

➡ {110쪽} 개도 함께 대피소에 들어가려면

개 맡기기
대피소에서 반려동물을 받아주지 않아 직접 돌보기 어려울 때는 동물병원 등에 개를 맡긴다.

➡ {120쪽} 개 맡기기

(태풍 등 예측할 수 있는 재난일 때는 안전한 호텔이나 숙박 시설, 펫호텔, 동물병원 등으로 대피한다. ➡ {20쪽})

24 시간 ▶ ▶ **7일**

재난 시 지켜야 할 기본 수칙 5

개를 지키려면 먼저 사람이 살아야 한다

재난 시 개를 지키려면 먼저 보호자가 살아야 한다. 보호자가 살지 못하면 개가 살아남았다 해도 이후 개의 앞날이 어떻게 될지 알 수 없다. 그러므로 '개를 위한 재난 대비'도 중요하지만 그 전에 '사람을 위한 재난 대비'가 되어 있어야 한다. 지진이나 화재에 대한 대비, 언제 어느 때 대피해야 하는지의 판단, 가장 가까운 대피 장소까지 가는 길 등 기본적인 재난 대응 지식을 습득한 후 대책을 마련한다. 개를 위한 재난 대비는 사람을 위한 재난 대비가 있고 난 뒤에야 의미가 있다.

재난 시에는 '동반 대피'가 원칙이지만 보호자가 생명의 위험을 무릅쓰면서까지 해야 하는 것은 아니다. 실제로 반려동물을 데리고 나오려고 집으로 들어간 보호자가 사망한 사례가 있다. 이처럼 안타까운 사고가 더는 일어나지 않아야 한다. 보호자의 생명을 먼저 지킨 뒤에 어떻게 개를 지킬 수 있을지 이성적으로 생각해야 한다.

보호자의 안전 확보가 먼저

개와 함께 집에 있을 때 재난이 발생했다면 우선 보호자의 안전부터 확보한다. 건강한 개라면 사람보다 민첩하고 생존 공간(생존을 유지하는 데 필요한 공간)도 작게 차지하기 때문에 살 확률이 높다. 보호자의 안전을 확보한 후 어느 정도 진정되면 개를 찾는다. 위험이 닥쳐오는데 개가 공황 상태에 빠져 붙잡히지 않을 때는 동반 대피를 포기하고 사람만 대피하는 결단도 필요하다.

사람을 위한 대비는 개를 위한 대비도 된다

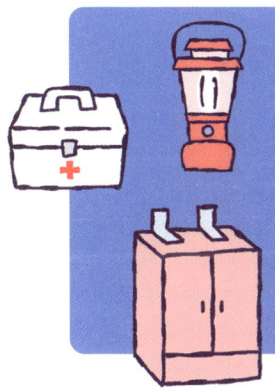

가까운 대피소의 위치와 집 건물이 지진에 얼마나 버틸 수 있는지를 알 수 있는 내진성을 조사하고, 가구가 쓰러지지 않게 방지책을 마련한다. 사람을 위한 대비는 개를 위한 대비가 된다. 책이나 인터넷 등으로 재난 대비의 기본을 찾아본다.

행정기관은 인명 우선

재난이 발생했을 때 행정기관은 인명을 우선해 움직인다. 반려동물은 뒷전이다. 대피소에는 동물을 좋아하지 않거나 동물 알레르기가 있는 사람도 있다. 반려동물을 허용하는 곳이라도 개를 옥외나 전용 공간에 두는 것이 기본이다. 보호자와 한 공간에서 지내는 경우는 많지 않다.

반려동물과 보호자는 '재난 약자'

재난이 발생하면 혼란스럽고 이재민의 신경도 곤두선다. "사람이 마실 물도 없는데 동물한테 준다고?" 실제로 이러한 항의가 빗발치기도 한다. 일반적으로 '재난 약자'란 고령자, 장애인, 영유아, 임산부 등 재난에 취약한 사람을 가리키지만, 반려동물과 그 보호자 역시 재난 약자에 해당한다. 돌봐 주는 사람이 필요하다는 점에서 반려동물은 아기와 다를 바 없지만, 아기는 들어가도 반려동물은 받아 주지 않는 대피소가 있다. 따라서 반려동물 보호자가 풀어야 할 숙제가 더 많다. 이런 자각이 있으면 재난 대비도 자연히 달라진다.

반려동물을 위한 재난 대책은 보호자에게 맡겨진다. 개를 지키려면 행정 기관에 의지하려고 하지 말고 보호자 스스로 대응해야 한다. 필요한 사항과 물품을 챙기고 올바른 지식을 바탕으로 내 개를 지키겠다는 굳건한 마음가짐이 필요하다.

반려동물은 대피소 출입 불가!

나라마다 지자체마다 '반려동물 동반 대피' 규정은 다르다. 반려동물의 출입을 금하는 대피소가 있고, 반려동물을 허용하지만 상황에 따라 거부하기도 한다.

* 우리나라는 '국민재난안전포털'(재난예방대비 → 준비점검 → 비상대처요령 → 일상생활 시)에 안내견 등 봉사용 동물을 제외한 반려동물은 대피소에 데려갈 수 없다고 명시하고 있다._옮긴이

반려동물용 구호물자는 오지 않는다

최우선으로 전달되는 것은 사람용 구호물자다. 재난 시에는 이조차 대피소에 골고루 배부되지 않는다. 반려동물용 구호물자가 언제 올지는 알 수 없다. 따라서 내 개를 지키려면 먹을 것을 넉넉히 구비해야 한다.

환경 변화를 따라가지 못해 개의 컨디션이 나빠진다

재난 발생으로 충격을 받은 데다 대피소 등 평소와 다른 곳에서 생활하다 보면 스트레스로 개의 상태가 나빠지기 쉽다. 켄넬 생활에 익숙하고 늘 먹던 사료가 있다면 스트레스가 조금은 완화될 수 있다.

필요한 대비는 집집마다 다르다

개를 지키기 위한 완벽한 안내서가 있으면 좋겠지만 아쉽게도 '이렇게만 하면 완벽하다'고 말해 주는 안내서는 없다. 주거 형태가 다르고 가족 구성과 키우는 개의 숫자도 모두 다르기 때문에 보호자 모두에게 꼭 맞는 안내서는 존재하지 않는다.

가령 혼자 사는 직장인인 경우 부재중에 재난이 발생하면 개가 무사한지 확인할 방법을 강구해야 한다. 여러 마리를 키우는 다견 가정이라면 개를 모두 어떻게 옮길지가 숙제다. 가족이 있다면 가족끼리 어떻게 연락을 취할지 생각해야 한다. 가족의 안부를 확인했다면 개를 구조하는 데 온 힘을 쏟을 수 있다.

이처럼 대비해야 할 사항이 집집마다 달라서 대비법도 각자 다르다. 따라서 이 책에서는 집집마다 다른 고유한 안내서를 만들기 위한 기본 틀을 소개한다.

- 혼자 사는 직장인
- 소형견 1마리 ● 아파트 거주

신축 아파트라면 내진성이 높을 것이다. 개가 혼자 있을 때 재난이 발생하면 개가 무사한지 확인할 수 있어야 한다. 홈카메라를 설치하거나 아파트 내 반려인 모임에 가입하는 방법 등이 있다.

- 부부, 한 명은 전업주부
- 중형견 2마리, 그중 1마리는 지병이 있음
- 신축 단독주택

신축 단독주택은 내진성이 비교적 높다. 배우자가 집에 혼자 있을 때 재난이 발생하면 개들을 어떻게 옮길지 생각해 둔다. 아픈 개는 평소 먹는 약을 모아두는 것이 필수다.

- 부부와 자녀 2명, 할머니까지 5인 가족
- 대형견 1마리 ● 오래된 주택
- 자동차 있음

오래된 주택은 내진성이 낮기 때문에 내진 보강 공사를 검토한다. 거동이 불편한 할머니를 어떻게 지킬지가 중요하다. 자동차 트렁크에 비상용품을 상비해 둔다.

* 우리나라는 1988년에 건축물의 내진설계가 의무화되었다. 2017년에는 '2층 이상 또는 연면적 200m² 이상 모든 건축물'에 내진설계를 적용하도록 강화했다. '우리집 내진설계 간편 서비스'를 이용해 확인할 수 있다._옮긴이

재난은 집에 있을 때만 일어나지 않는다

지진이나 화재 같은 재난은 언제 어느 때 일어날지 알 수 없다. 개와 산책 중에 발생할 수도 있다. 집 밖에서 어떻게 몸을 보호해야 하는지, 어느 골목이 위험한 길인지 파악하고 있어야 한다. 이런 지식 유무에 따라 보호자와 개의 생사가 달라질 수 있다. 비상용품이 없어도 지식이 있으면 생존 가능성이 높아진다.

산책을 나갈 때에도 휴대폰을 챙기고 다니는 것이 좋다. 가족과 연락하거나 정보를 얻는 데 필요하다. 비상용 충전기도 가방에 넣어 다니면 좋다. 개만 집에 있을 때 재난이 일어날 수도 있다. 개가 다치지 않게 가구를 고정하는 등 안전 대책을 마련해 놓는다. 사료 등 물품을 모아두는 것은 살아남은 뒤에 필요하다. 살아남으려면 안전 대책과 지식이 더 중요하다.

개와 산책 중에 재난 발생

집 밖에 있을 때 지진 등의 재난을 당할 수 있다. 자판기, 전봇대, 담장 등은 쓰러질 수 있으니 멀리 떨어져서 가방 등으로 머리를 보호한다. 안전하게 귀가할 수 있으면 집으로 가고, 그렇지 않으면 가까운 대피 장소로 간다.

➡ {80쪽} 절대로 리드줄을 놓지 않는다

개만 집에 있을 때 재난 발생

개가 쓰러진 가구에 깔리지 않게 평상시에 가구를 단단히 고정한다. 귀가가 힘들 때를 대비해서 물을 집 안 여러 곳에 둔다. 지진으로 집이 기울어지면 문이 열리지 않을 수 있으니 고정장치인 도어스토퍼door stopper를 설치한다.

➡ {50쪽} 집 안 안전 대책

운전 중에 개와 함께 재난 발생

개와 함께 차를 타고 있을 때 재난이 발생할 수 있다. 교통 정체로 귀가가 힘들 수 있으니 사료와 배설물 봉지를 준비한다. 운전 중에 지진이 일어나면 갓길에 차를 세우고 흔들림이 멎을 때까지 기다린다.

➡ {79쪽} 자동차로 대피해도 될까?

여러 피신처를 고려한다

감염병이 잇따르면서 일본은 대피소의 수용 가능 인원을 축소했다. 따라서 집에서 대피 생활하는 것을 기본으로 하면서 불가능할 때는 친척이나 친구 집에 신세를 지는 등 대피소 이외의 피신처를 미리 마련해 둔다. 친하게 지내는 사람들과 유사시에 상대방의 개를 맡아 준다는 약속을 해 둘 수도 있다.

사전에 예상할 수 있는 태풍이나 호우 등의 재난은 위험해지기 전에 먼저 대피한다. 태풍의 영향권에 들지 않는 반려동물 동반 숙박 시설에서 지내기, 사람은 호텔에서 보내고 개는 펫 호텔에서 숙박하기, 침수 위험이 없는 주차 전용 빌딩에서 반려견과 하룻밤 보내기 등 유연하게 대응한다.

개와 함께 숙박 시설로 사전 대피

개와 함께 묵을 수 있는 숙박 시설에서 태풍이 지나가기를 기다린다.

주차 전용 빌딩으로 사전 대피

집이 침수 위험이 있다면 개를 차에 태우고 24시간 영업하는 주차 전용 빌딩으로 간다. 매장 주차장이라면 필요한 물건을 살 수도 있다. 차박용품을 구비하고, 집에는 침수 피해를 줄일 모래주머니를 쌓는 등 대책을 마련한다.

➡ 〈116쪽〉 차에서 개와 함께 지내기

지인 집으로 사전 대피

침수 위험이 없는 지인 집으로 개와 함께 대피한다. 안전한 곳에 개만 맡길 수도 있다. 재난 시에는 서로 돕는 마음이 필요하다.

➡ 〈56쪽〉 서로 돕는 인맥이 중요하다

1장

사전 대비만이 살길이다

동반 대피에 필요한 물품

 소형견 또는 강아지

이동장은 배낭 형태나 어깨에 멜 수 있는 게 좋다
손에는 아무것도 쥐지 않고 자유로운 게 좋다. 이동장에 어깨끈이 없다면 탈부착할 수 있는 것을 구매한다.

이동장에 넣기
목줄과 리드줄을 맨 뒤 이동장에 넣는다. 플라스틱 소재의 이동장이라면 피신처에서 집으로 사용할 수 있다.

박스 테이프로 이동장 보강하기
이동장을 떨어뜨리면 부서질 수 있다. 박스 테이프로 이동장을 감거나 보자기로 싸면 좋다.

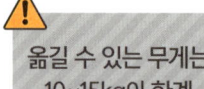
옮길 수 있는 무게는 10~15kg이 한계
옮길 수 있는 짐의 무게는 여자 10kg, 남자 15kg이 한계다. 개와 이동장을 포함한 무게다.

재난이 발생했을 때는 걸어서 이동하는 '도보'가 기본이다. 자동차는 도로 상황에 따라 무용지물일 수 있고, 정체되면 오히려 위험할 수 있다. 사전에 걸어서 대피하는 방법을 생각해 둔다.
강아지나 소형견은 줄에 매고 가기보다 이동장에 넣어야 신속하게 이동할 수 있다. 중·대형견은 목줄이나 가슴줄에 리드줄을 연결한 후 걷는다. 연결된 게 빠지지 않는지 반드시 확인한다. 개 유모차는 도로 상황에 따라 쓰지 못할 수도 있다.

POINT
당연한 말이지만 가장 중요한 것은 보호자와 가족, 개의 생명이다. 안전하게 함께 대피하는 데 필요한 물품을 준비한다.

중·대형견

리드줄 놓치지 않기

재난 시에 개를 잃어버리면 큰일이다. 리드줄을 손목에 감고 놓치지 않도록 꽉 쥔다. 길이가 길거나 자동 리드줄은 사고 위험이 있으므로 일반 리드줄을 사용한다.
* 우리나라는 반려견과 외출 시 줄의 길이를 2미터 이하로 제한하고 있다._옮긴이

☑ **단단한 목줄 챙기기**
머리가 빠지지 않는 단단한 목줄을 사용한다.

가능하면 신발 신기기

유리 조각 등을 밟아 다치는 위험을 피할 수 있다. 신발 대신 붕대를 감아 발을 보호할 수도 있다.

➡ {66쪽} 옷과 신발에 적응시키기

목줄이 빠지지 않게 조절하기

목줄 공간은 사람 손가락 한 개가 들어갈 정도가 딱 좋다. 재난 시에 개의 살이 빠져 목줄에서 빠지는 사례가 있었다. 느슨하지 않게 조절한다.

 리드줄은 여러 개 준비한다

대피 생활을 할 때 예비용 리드줄과 가슴줄을 넉넉하게 준비하는 게 좋다. 대피소에 개를 묶어둘 경우에는 와이어나 체인으로 된 리드줄을 준비한다.

 잘 벗겨지는 가슴줄도 있다

가슴줄은 개가 완강히 버티면 쉽게 벗겨지기도 한다. 개가 겁에 질려 버티는 경우 벗겨질 수 있으니 안전한 가슴줄로 준비한다.

1장 사전 대비만이 살길이다

다견 가족

한 마리는 이동장, 한 마리는 리드줄로 데려가기

두 마리 이상을 리드줄에 연결해 걷는 것은 재난 시 특히 위험하다. 이동장에 넣을 수 있는 크기의 개는 이동장에 넣고, 리드줄 연결은 한 마리만 한다.

이동장이 견딜 수 있는 무게 확인하기

소형견이나 강아지는 이동장 하나에 여러 마리를 넣고 옮길 수 있다. 다만 견딜 수 있는 무게를 초과하면 이동장이 망가질 수 있다. 이동장을 카트로 쓸 수 있다면 길 상태를 확인한 후 사용한다.

대피 시 필요한 장비

사람은 긴소매·긴바지가 기본이다. 부상을 예방하기 위해 장갑(목장갑)을 끼고, 운동화나 안전화를 신는다. 헬멧이나 방재모자(평소에는 방석, 등받이로 사용하다가 재난이 발생했을 때 머리에 쓸 수 있는 제품)가 없으면 야구모자라도 쓴다. 분진을 마시지 않기 위한 마스크, 손전등 등도 필요하다.

⚠ 더블 리드줄은 위험!

리드줄 하나에 두 마리 이상을 연결하는 더블 리드줄은 줄을 놓쳐 개들이 도망가다가 줄이 어딘가에 걸리면 옴짝달싹 못할 수 있다. 두 마리 이상을 데리고 다닐 경우에는 리드줄을 각각 매는 것이 위험을 줄일 수 있는 방법이다.

아파서 움직이지 못하는 중·대형견

대형견용 백팩
개가 들어간 가방을 배낭처럼 어깨에 메는 백팩도 있다. 개가 날뛰면 탈출할 위험은 있지만 움직이지 못하는 개를 옮기기 위한 도구다.

대형견용 슬링백
최대 45kg의 대형견을 옮길 수 있는 슬링백도 있지만 체력이 좋은 사람말고는 옮기기 쉽지 않다. 다른 짐을 포기해야 할 수도 있다.

여러 사람이 들것으로 옮긴다

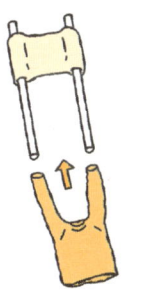

혼자서 안을 수 없는 대형견을 옮길 때는 들것으로 옮긴다. 긴 막대기 두 개에 옷소매를 여러 벌 끼우면 간이 들것을 만들 수 있다. 혼자서도 옮길 수 있는 바퀴 달린 들것도 있다.

한 사람이 개 한 마리를 담당하는 것이 기본이다. 다견 가정에서는 개를 어떻게 옮길지 미리 생각해 두어야 한다. '우리는 식구가 많으니까 괜찮아'라고 여길 수 있지만 재난이 발생했을 때 집에 한 사람밖에 없을 수 있다. 가족 수보다 많은 개를 키우고 있다면 재난 시 위험이 뒤따른다는 것을 염두에 두어야 한다.

아프거나 장애로 움직이지 못하는 대형견을 옮기기란 쉽지 않다. 도로가 카트를 사용할 수 없는 상태일 수 있으니 대형견용 백팩 등을 준비한다.

먹을거리와 약

건사료
건사료는 가볍고 영양가가 높고 유통기한이 길어서 재난 시 요긴하다. 평소 먹는 사료를 모아둔다.

습사료
건사료보다 기호성이 좋고 수분을 함께 섭취할 수 있다는 장점이 있다. 노견이나 스트레스를 잘 받는 개라면 영양가 높은 것으로 준비한다. 캔보다 파우치가 가볍고 쓰레기 처리도 쉽다.

반려견 간식
대피 생활 중에는 스트레스로 평소 먹던 사료도 먹지 않을 수 있다. 좋아하는 간식으로 식욕을 되찾게 한다.

재난이 닥치면 우선적으로 사람용 물자를 배분하고, 반려동물용 물자는 도착하는 데 시간이 더 걸린다. 대규모 재난 때에는 반려동물용 구호물자가 반년 후에 도착하기도 했다. '식량은 3일치'가 정설이었지만 음식은 되도록 많이 모아둔다. 식량은 집에도 모아두고 재난 발생 시 들고 나가는 비상용 가방에도 반드시 챙겨 넣는다. 지병이 있는 경우 약을 넉넉하게 처방받아 비상용 가방에 챙겨 놓는다.

POINT

힘들게 대피했는데 먹을 것이 없으면 난감하다. 제일 먼저 사료와 평소 먹는 약을 챙긴다.

현명하게 모아두기

무작정 모아두기만 하고 제때 확인하지 않으면 유통기한이 지날 수 있다.
모아둔 물품을 정기적으로 소비하고, 비운 만큼 다시 채워 넣는 방식으로 현명하게 대처한다.

《 구비 》

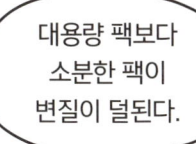
대용량 팩보다 소분한 팩이 변질이 덜된다.

유통기한이 빠른 순으로 진열한다.

《 보충할 것을 넉넉하게 구매한다 》　　《 일상에서 소비 》

사료뿐 아니라 배변 패드 등 소모품도 소비하면서 모아둔다!

보관에 적합한 장소

사료 봉지에 적힌 유통기한은 올바른 방법으로 보관했을 때다. 적합하지 않은 곳에 보관하면 쉽게 변질된다. 적합한 보관 장소란 직사광선이 닿지 않고 온도 변화가 적은 서늘하고 어두운 곳이다. 옥외 창고나 차량 트렁크는 적합하지 않다. 비상용품을 차에 보관하려면 차에 있는 식료품을 먼저 소비하면서 새것을 채워 넣는다.

다양한 사료에 적응시키기

건식과 습식, 다양한 사료를 먹을 수 있으면 안심

개가 한 회사 제품만 먹는다면 구호물자 사료를 먹지 않을 가능성이 높다. 평소에 다양한 사료를 주어 편식하지 않게 키운다. 또한 대피 생활 중에는 식재료와 조리 방법이 제한적이어서 보호자가 직접 만든 자연식을 주지 못할 수 있다. 자연식만 먹는다면 재난 시 힘들 수 있다.

대피 생활 중 주먹밥이나 빵으로 허기를 달래기도

재난 시에 사람 음식을 개에게 준 사례도 있다. 사람 음식은 염분이 많아 개에게 좋지 않지만 먹일 것이 없으면 감수할 수밖에 없다. 되도록 염분이 적고 간이 덜된 음식을 준다.

 개에게 위험한 음식

- 파 종류(양파, 대파, 부추, 마늘 등)
- 초콜릿
- 닭뼈
- 어패류 날것
  (생선, 오징어, 문어, 새우, 게)
- 포도, 건포도

사람과 개는 물질대사가 달라서 사람에게는 무해하지만 개에게는 유해한 음식이 여럿 있다. 사람 음식밖에 없을 때도 파, 마늘, 초콜릿 등은 절대 주면 안 된다. 중독을 일으키기라도 하면 큰일이기 때문이다. 햄버그스테이크 등 가공식품 안에 양파 등 위험한 식재료가 있을 수 있으니 주의한다.

평소 먹는 약은 최우선으로 챙긴다

투약 보조 제품, 주사기 챙기기
약을 거부하는 경우 투약 보조 제품과 함께 먹이면 도움이 된다. 약만 챙기지 말고, 주사기, 투약 보조 제품 등도 함께 챙긴다.

약 넉넉하게 처방받기
재난이 벌어지면 동물병원도 피해를 입는다. 약을 바로 손에 넣지 못할 경우를 대비해 넉넉히 처방받는다. 다른 동물병원에서도 처방받을 수 있도록 약품명과 용량을 기록해 둔다.

처방식도 모아두기
병을 앓고 있는 개들에게 처방식을 먹이지 못하면 병이 악화될 수 있으니 넉넉하게 모아둔다. 효과가 같은 다른 제조사의 처방식 사료를 알아두고, 편식하지 않도록 다양한 제품을 급여하면 재난 시에 선택지를 늘릴 수 있다.

개의 안정을 위한 용품

집이 아닌 곳에서 대피 생활을 하거나 집이라도 평소와 다른 분위기일 때 개를 심리적으로 안정시켜 주는 용품을 준비하는 것도 좋다. 개의 스트레스를 완화하는 효과가 있다고 알려진 플라워에센스, 레스큐레미디 등을 구비한다. 개의 상태가 좋지 않을 때는 반드시 수의사에게 진료를 받는다.

동물등록 마이크로칩과 인식표

동물등록 인식칩(마이크로칩)
동물등록을 했다면 개에게 인식칩이 있어서 목줄이 빠져도 보호자 정보를 바로 알 수 있다.

인식표(목걸이)
개 목걸이에 보호자 정보를 기입하면 한눈에 알아볼 수 있다.

POINT
헤어질 수도 있으니 보호자 정보를 적은 표지를 반드시 개에게 부착한다. 유사시에 생명줄이 된다.

광견병 접종 증명서
광견병 주사를 맞았다는 증명서가 없으면 대피소에 들어가지 못할 수 있다.

그래!?

비상용 가방에 챙길 물건

가족 사진
개와 보호자가 함께 찍은 사진은 보호자를 증명하는 수단이 된다. 잃어버린 개가 보호소 등에 있다면 자신이 보호자라는 증명이 있어야 개를 찾을 수 있다.

실종 전단지
개를 잃어버렸을 때 사진이 없으면 전단지를 만들 수 없다. 실종 전단지를 미리 만들어 둔다.

건강수첩
대피소 등에 개를 맡길 때 개의 병력이나 건강 상태를 알 수 있는 건강수첩이 있으면 좋다.

➡ {136쪽} 개 건강수첩

기록을 남기자.

사진 등 여러 자료는 휴대폰에 저장한다. 구글 드라이브 등 클라우드 서비스에 보관하면 가족들이 공유할 수 있다.

재난 시에 개가 도망치는 바람에 헤어지는 일도 있다. 이때 개를 지키는 안전장치는 보호자 정보가 있는 인식칩, 인식표 등이다.
2011년 동일본대지진 때 보호소에 있던 개 가운데 동물등록을 하거나 인식표가 있던 85마리는 보호자를 찾았다. 목줄만 있었던 614마리 중 보호자를 찾은 개는 단 3마리에 불과했다. 겨우 목숨을 건져도 인식칩 등 정보가 없으면 만날 수 없다. 목줄을 채우면 갑갑해서 집에서는 목줄을 풀어 주기도 하는데 목걸이, 인식표 등은 항상 착용하고 있는 것이 좋다. 그래야 더 나쁜 상황을 피할 수 있다.

배변 패드 활용법

《 아이스팩이나 보온 물 주머니 대용으로 사용 》

1 지퍼백에 넣는다
배변 패드를 지퍼백에 넣으면 사용하기가 편리하다.

2 배변 패드를 물에 푹 적신다
배변 패드가 묵직해질 때까지 물을 붓는다.

3 지퍼백째 냉동고에 넣고 얼리면 아이스팩이 된다
전기를 쓸 수 없을 때는 배변 패드를 물에 적시기만 해도 약간의 시원함을 느낄 수 있다.

4 배변 패드는 수분을 많이 머금을 수 있다
지퍼백에 배변 패드를 넣어 따뜻한 물을 부으면 보온 물주머니로 쓸 수 있다. 수건으로 감싸면 보온성이 높아진다.

그렇구나!

POINT

배변 패드는 배설물 처리와 냄새 대책 외에도 기저귀, 아이스팩 등을 만들 수 있어 요긴하다.

배변 패드는 많이 모아둬야 할 물품 중 하나다. 배설물 처리라는 본래 용도 외에도 청소, 사람용 간이 화장실, 아기 기저귀로도 쓸 수 있다. 물을 강력하게 흡수하는 폴리머를 사용한 배변 패드는 흡수력이 좋으며, 그 특성을 살려 아이스팩을 만들 수 있고, 냄새를 줄이는 효과도 있다. 배변 패드를 잘라서 사용할 때는 안에 든 성분을 개가 먹지 않도록 테이프로 봉합하는 등 조심해야 한다.

배변 패드는 만능!

사람용 간이 화장실
수세식 화장실을 쓸 수 없을 때 상자에 비닐 봉투를 씌우고 그 안에 배변 패드를 깔아 사용한다.

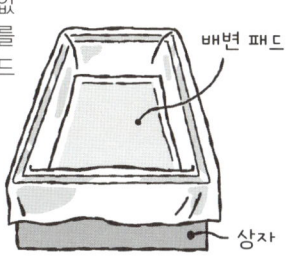

지혈
붕대가 없을 때 출혈 부위에 배변 패드를 감아 테이프로 붙인다. 출혈이 심할 때 유용하다.

기저귀
실내에 마킹을 하는 수컷에게는 배변 패드를 기저귀로 만들어 입힌다. 허리에 감아 테이프로 붙이면 된다.

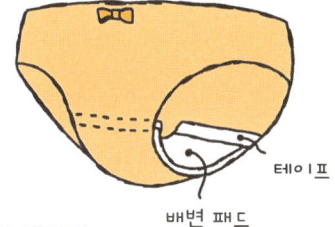

사람용 생리대
팬티에 작게 자른 배변 패드를 테이프로 붙인다. 배변 패드 위에 화장지나 천을 더해도 된다.

배변 패드에 대소변 훈련

대피소에서 생활하면 개는 주로 켄넬 안에서 지내게 된다. 그런데 켄넬 안의 배변 패드가 낯선 개는 참다가 방광염에 걸리기도 한다. 배변 패드에서 대소변 가리는 훈련을 해 두는 것이 좋다.

켄넬과 그릇은 나중에

밥그릇과 물그릇을 직접 만든다

신문지로 만든 그릇

페트병으로 만든 그릇

신문지를 접어 상자 모양으로 만들거나 페트병을 잘라 그릇으로 쓸 수 있다. 개가 다치지 않게 페트병을 자른 단면을 테이프로 붙인다.

반려동물 응급 구조 스티커는 위험할 수 있다

현관문에 붙이는 '반려동물 응급 구조 스티커'는 보호자가 집을 비운 사이에 재난이 발생했을 때 집 안의 반려동물을 구조해 주길 기대하며 붙이는 스티커다. 그러나 빈집털이범이 집에 들어가는 빌미가 될 수 있으니 조심해야 한다.

고양시에서 배부한 반려동물 거주 알림 스티커
출처 : 고양특례시 홈페이지

개와 함께 대피소에서 생활하려면 켄넬이 필요하다. 하지만 대피의 기본은 걷기이기 때문에 무거운 켄넬까지 챙기기란 힘든 일이다. 켄넬은 꺼내기 쉬운 곳에 두고 일단 대피한 후 안전이 확보되면 가지러 가는 게 낫다.
개 밥그릇은 신문지나 페트병으로 만들어서 대신하면 되니까 우선적으로 챙길 필요는 없다. 그릇을 만들 때 칼, 테이프가 필요하므로 챙긴다.

> **POINT**
> 필요한 물품을 한꺼번에 다 가져갈 수는 없다. 우선순위를 정한다.

무거운 켄넬은 나중에 챙긴다

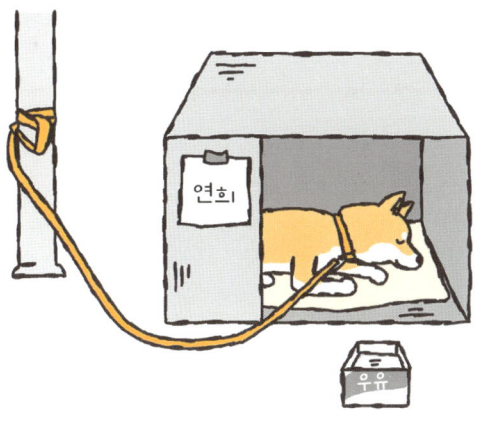

켄넬이 없을 때 임시 대처하기
대피소에 도착하면 대체로 개는 반려동물 전용 공간으로 가게 된다. 소형견은 이동장에 넣은 채 진정시킨다. 중대형견은 리드줄로 기둥에 단단히 묶고, 종이 박스가 있으면 개를 넣어서 임시 집으로 사용한다.

➡ {113쪽} 켄넬이 없는 경우

안전을 확보한 후에 집에서 켄넬을 가져온다
재난이 진정되어서 집이 안전해도 전기와 수도가 끊기면 집에서의 생활은 불가능하다. 앞으로의 대피소 생활을 위해 켄넬을 가지러 간다. 대피소에 혼자 남으면 개가 불안해할 테니 가족이 곁에 있거나 이웃에게 잠시 부탁한다.

이동장을 켄넬로 사용하기
천으로 된 켄넬은 가벼워서 처음부터 챙기기가 수월하다. 또한 확장 기능이 있어 공간을 넓게 쓸 수 있는 이동장이라면 대피소에서 그대로 켄넬로 사용할 수 있다.

개와 사람이 공용으로 쓸 수 있는 물품

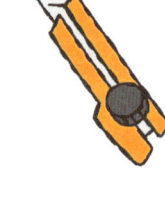

칼
칼은 종이 박스나 페트병으로 그릇을 만들고 식재료를 자르는 데 쓸 수 있다. 튼튼하고 큼직한 것이 좋다.

테이프
종이 박스 등을 활용해 물건을 만들 때 테이프는 필수품이다. 종이 테이프에 유성펜으로 메시지를 쓰면 즉석 메모판도 된다.

신문지
신문지는 몸에 두르면 보온이 되고 잠자리에 깔 수 있다. 여러 장 겹치면 간이 슬리퍼, 식기, 컵도 만들 수 있다. 평상시 신문지는 어느 정도 챙겨 둔다.

유성펜
종이 테이프나 박스에 글씨를 쓸 수 있게 굵은 유성펜이 좋다. 물에 번지지 않고 일반 테이프에도 글을 쓸 수 있는 특수 유성펜도 있다.

비닐 봉투
비닐 봉투는 물을 담아 옮기거나 조리기구를 더럽히지 않고 요리하기, 배설물 처리 등 다양한 용도로 쓸 수 있다. 작은 것부터 큰 쓰레기 봉투까지 크기별로 있으면 좋다.

개와 사람이 함께 쓸 수 있는 공용 물품이 있다. 이런 물품은 재난 발생 시 가장 먼저 들고 나가는 비상용 가방에 넣어두면 좋다. 신문지는 추울 때 양말 위에 감을 수도 있고, 두툼하게 감으면 골절 부위에 부목 역할도 한다. 식품용 랩은 화상 응급 처치나 붕대 대신 쓸 수 있다.

개와 사람 모두에게 요긴하게 쓰이는 물품은 처음부터 가져가야 할 물품으로 꼭 구비해 놓는다.

분말 스포츠 음료
분말 스포츠 음료는 물에 섞으면 사람과 개 모두에게 경구 수액으로 쓸 수 있다. 무더울 때나 감기 등으로 탈수 증상을 보일 때 마신다. 개에게는 인간의 절반만 사용한다.

➡ {96쪽} 탈수

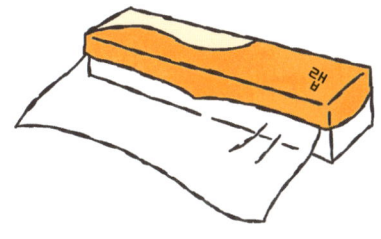

식품용 랩
그릇에 랩을 깔고 음식을 올리면 그릇이 더러워지지 않게 먹을 수 있고(개가 먹지 않게 주의), 화상 부위에 감는 구급 용품으로도 쓸 수 있다.

➡ {94쪽} 화상

구급 용품
소독용 에탄올, 멸균수, 붕대, 거즈, 의료용 테이프, 핀셋 등은 사람과 개 모두에게 쓸 수 있다.

수건과 담요
수건이나 담요로 켄넬을 덮으면 시선이 차단되면서 개의 스트레스가 줄어든다. 추울 때 몸을 따뜻하게 할 수도 있고, 지혈할 때 구급 용품으로도 쓸 수 있다.

화장지
화장지를 비상용 가방에 넣을 때는 심을 빼고 납작하게 누른 뒤 젖지 않게 지퍼백에 넣는다.

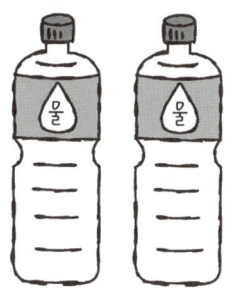

마실 물
큰 페트병보다 500mL 페트병을 여러 개 준비하는 것이 덜 상한다.

차박과 캠핑 용품

자동차 대피

햇빛 가리개
햇빛 가리개는 사생활을 보호하는 가림막 역할도 한다. 차량 지붕을 덮는 가리개는 더위 대책이 된다. 차량용 방충망은 환기에 도움이 된다.

침낭
수납과 보온성을 생각하면 이불보다 침낭이 좋다. 지퍼를 연결하면 2인용으로 쓸 수 있는 침낭도 있다.

반려동물용 차량 펜스
개가 운전석으로 넘어오지 못하게 하는 용품이다. 뒷문용 펜스를 설치하면 뒷좌석 전체가 커다란 케이지가 된다.

매트
가급적 몸을 수평으로 누이고 잔다. 매트가 없으면 움푹 파인 곳에 수건이나 옷을 끼운다.
➡ {116쪽} 차에서 개와 함께 지내기

반려동물은 대피소에 들어갈 수 없는 경우가 많아서 자동차나 텐트를 대피 장소로 선택하는 보호자도 많다. 평소 개와 함께 차박이나 캠핑을 한다면 필요한 용품을 알 수 있을 것이다. 재난 시 차박, 캠핑 등에 대한 정보를 얻을 수 있는 워크숍이나 체험 캠프에 참여해 보면 필요한 것을 더 잘 구비할 수 있다.

> **POINT**
> 차박이나 캠핑을 했을 때 편리하게 사용했던 용품 위주로 준비한다.

텐트 대피

줄을 묶을 곳
야영지에서라면 땅에 박은 펙이나 앵커에 줄을 묶으면 되지만 대피소에서는 박을 곳이 없다. 줄을 묶을 수 있는 나무나 무거운 돌을 이용한다.

플라이 시트
비나 밤이슬을 피하려면 텐트를 덮는 플라이 시트가 필요하다. 방수천(타프)도 괜찮다.

랜턴
기름보다는 건전지를 넣는 제품이 안전하다. 정전 시에는 불빛만 있어도 마음이 놓인다.

➡ {118쪽}
텐트에서 개와 함께 지내기

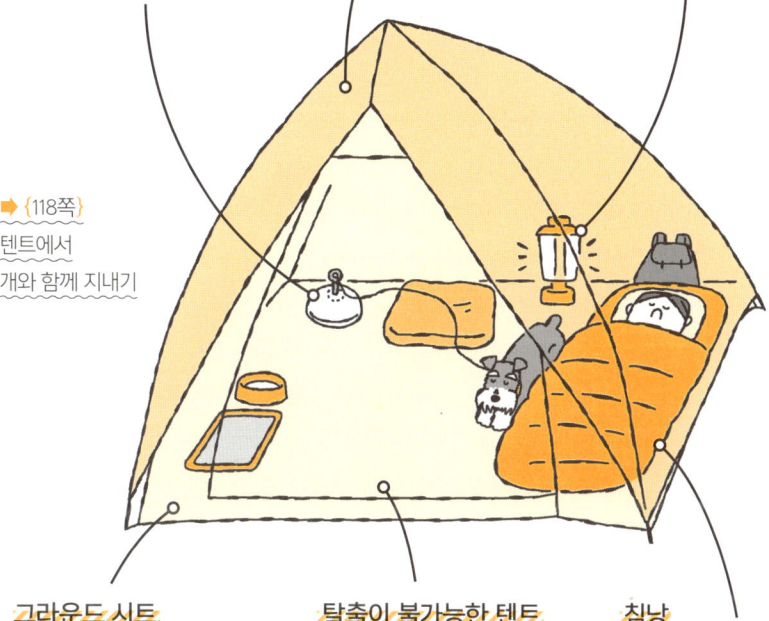

그라운드 시트
텐트 밑에 그라운드 시트를 깔지 않으면 빗물이 스며든다. 그라운드 시트가 없다면 방수포로 대체한다.

탈출이 불가능한 텐트
개의 탈출을 막기 위해 전부 다 닫을 수 있는 형태의 텐트를 구비한다. 여름철에는 열기가 안 빠지는 단점이 있다.

침낭
겨울용 침낭은 다른 계절에는 더워서 사용하기 어렵다. 3계절용 침낭을 구비하고 겨울에는 담요를 추가해서 덮는다.

왜건
급수 장소에서 받은 물이나 무거운 짐을 옮기는 데 편리하다. 개를 태우고 이동할 수도 있다.

⚠ **대피소에서는 화기 사용 금지**
대피소는 원칙적으로 화기 사용을 금하고 있다. 캠핑용 바비큐 화로나 토치가 있어도 쓸 수 없다.

# 물품의 우선순위와 수납

《 단독주택 》

옥외 창고
꺼내기 쉬운 곳이라 보관하기 좋지만 온도 변화가 커서 식료품은 보관하지 않는다.

2층
1층보다 붕괴나 침수의 위험이 낮은 2층에 보관한다. 다락방은 더워서 식료품을 보존하기에는 적합하지 않다.

차 안
자동차로 대피할 수 있을 때 편리하다. 드라이브 중에 재난이 발생할 수도 있으니 비상용품을 트렁크에 넣어둔다.

현관 안
재난이 발생하면 바로 대피해야 하는데 현관 안에 물건을 많이 쌓아두면 대피하기가 어렵다. 현관 안 구석이나 벽에 꼭 필요한 물품만 놓아둔다.

옥내 수납장
비축품과 1차 비상용 가방을 넣을 수 있다. 하지만 너무 깊숙이 넣어두면 유사시에 꺼내지 못할 수도 있다.

재난 시 필요한 물품을 한꺼번에 다 가져가기란 불가능하다. 옮길 수 있는 무게는 여자의 경우 10kg 이내다. 개를 이동장에 넣고 나면 가져갈 수 있는 물품이 줄어든다. 당장 필요한 것을 1차 비상용 가방에 넣고 나온다. 그 외 비축품은 안전이 확보되면 2차로 가져 나온다.

비상용품과 비축품은 한 곳에 두지 말고 집 안 여기저기에 분산해 놓는 것이 좋다. 보관 장소가 피해를 입어 꺼내지 못하는 위험을 줄일 수 있다. 온도 변화가 적은 실내에는 사료, 옥외 창고에는 배변 패드 등 물품에 맞게 보관 장소를 선별한다.

POINT

비상용품과 비축품을 어디에 수납할지 생각한다. 유사시에 꺼내지 못하면 의미가 없다.

《 아파트 》

✅ **옥상**
고층 아파트에 화재가 발생했을 때 아래층으로 대피할 수 없다면 옥상에서 구조 헬기를 기다릴 수 있다. 지진해일 같은 재난 시에는 대피 공간으로 개방하기도 한다.

✅ **엘리베이터 안**
지진으로 엘리베이터 운행이 멈췄을 때 재난 대비 보관장이 있는지 확인한다.
* 일본에는 엘리베이터에 갇혔을 때를 대비해서 비상식량, 물, 손전등, 구급 용품 등이 든 보관장이 있다._옮긴이

✅ **공동 현관 등 공용 공간**
침수 위험이 있는 지하를 제외한 공용 공간에 비축품을 둘 수 있으면 좋다. 일본에서는 재난으로 교통이 마비되어 집에 가지 못한 사람들에게 개방하기도 한다.

❌ **베란다**
아파트 베란다는 위급 시 대피 통로나 대피 장비를 이용해야 하므로 짐이나 잡동사니를 많이 놓아두어서는 안 된다.

⭕ **집 안**
비상용품은 집 안에 두는 것이 기본이다. 고층은 엘리베이터를 타지 못하면 대피와 짐 운반이 쉽지 않다.

⭕ **공동 비축 창고**
일본에는 주민들을 위해 재난 대비 공동 비축 창고를 갖춘 아파트가 있다. 아파트 내 반려인 모임을 만들어 반려동물용 비축품도 두자고 건의해 볼 수 있다.

0차 대비	1차 대비	2차 대비
평소 소지품	유사시에 가장 먼저 들고 나가는 물품	대피가 장기화되었을 때 비축품

1차 대비(비상용품)는 안전하게 옮길 수 있는 무게 이내로 준비한다.
2차 대비(비축품)는 넉넉하게 있으면 좋다.

지역의 재난 위험도 조사하기

생활안전지도 확인

우리나라는 행정안전부에서 운영하는 '생활안전지도'를 통해 침수흔적도, 홍수범람지도, 산불발생이력, 지진발생이력 등을 확인할 수 있다.

포털사이트에서 '생활안전정보' 또는 '생활안전지도'를 검색!

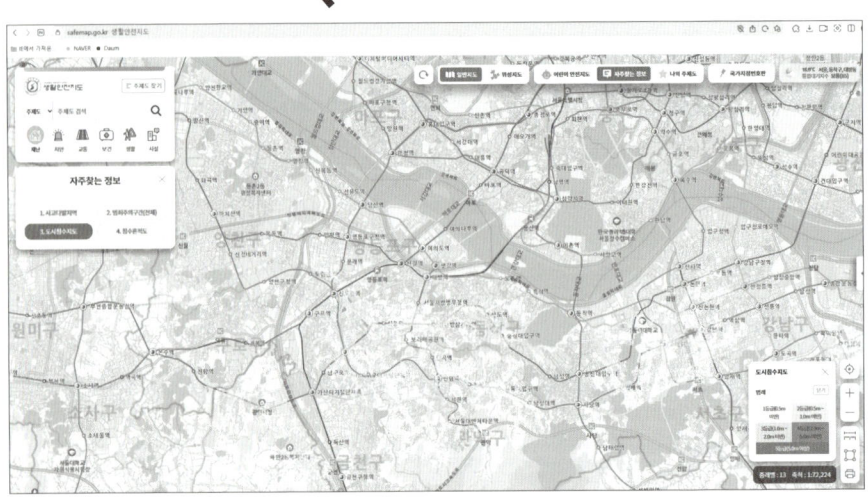

생활안전지도에서 '도시침수지도' 화면 갈무리

물리적 재난 대비의 첫걸음으로 재난 위험도를 조사한다. 자택은 물론이고 학교나 직장처럼 하루 중 많은 시간을 보내는 곳이 어떤 재난에 취약한지 알아둔다. 건물 내진성이 아무리 높아도 토지가 약하면 안전하다고 할 수 없다. 강가와 해안가는 필연적으로 수해 위험이 높고, 골짜기나 경사면에 흙을 쌓아 조성한 땅과 매립지는 지반이 약하다. 이사할 때는 이사할 곳의 재난 위험도를 사전에 알아본다.

> **POINT**
> 자택이나 학교, 직장 등이 어떤 재난에 취약한지 재난 위험도를 조사한다. 특히 더 취약한 재난의 종류를 알면 대비도 더 구체적으로 할 수 있다.

✅ Check!

- ☐ 홍수가 일어났을 때 예상되는 침수 깊이

  [   ] m

- ☐ 지형에서 알 수 있는 재난 위험
- ☐ 대규모로 흙을 쌓아 조성한 땅인가?

  (붕괴나 산사태가 많다)

  YES / NO

- ☐ 토사 재해 경계 구역인가?

  YES / NO

- ☐ 지진해일 침수 예상 [   ] m
- ☐ 건물 붕괴 위험도
- ☐ 화재 위험도
- ☐ 재난 시 활동이 어려운 정도
- ☐ 액상화 위험도

* 생활안전지도에서 조사하거나 지자체에 문의해 확인한다.

향후 예측되는 지진의 발생 확률

2010년에 일본 문부과학성은 2040년까지 일어날 것으로 예측되는 지진을 발표했다. 마야기현 앞바다 지진 진도 7.5 전후로 99%, 도카이지진 진도 8.0 전후로 87%, 도난카이지진 진도 8.1 전후로 60~70%, 난카이지진 진도 8.4 전후로 60%다.

* 이 지진은 모두 일본 태평양 연안에서 일어날 것으로 예측되는 지진이다. 일본의 지진은 우리나라(특히 남부 지방)에도 영향을 줄 수 있으므로 대비가 필요하다._옮긴이

풍수해보험

풍수해보험이란 자연재해로 입은 재산 피해를 보상하는 보험이다. 풍수해보험은 주택(단독·공동)과 온실(비닐하우스 포함), 소상공인의 상가·공장에 대해 태풍, 홍수, 호우, 강풍, 풍랑, 해일, 대설, 지진 재해를 보상한다. 행정안전부가 관장하고 민영보험사가 운영하는 정책 보험으로 정부가 보험료의 일부를 지원한다. 농업인, 축산인, 어업인은 농작물재해보험, 가축재해보험, 양식수산물재해보험에 가입하면 자연재해로 인한 농작물 등의 피해를 보상받을 수 있다.

집의 내진성 높이기

건물 구조별 지진과 화재에 대한 강도

구조	목조	철골	철근콘크리트	철골철근콘크리트
내진성	✕	▲	○	◎
내화성	✕	✕	◎	◎

Check!

- ☐ 1988년 이전에 지어진 건물이다(우리나라는 내진설계 기준이 1988년에 처음 시작되었다).
- ☐ 증축을 2회 이상 했다. 증축 시 벽이나 기둥의 일부를 철거했다.
- ☐ 과거에 침수, 화재, 지진 같은 큰 재난을 겪었다.
- ☐ 매립지, 간척지, 저습지 등에 세워져 있다.
- ☐ 건물의 기초가 철근콘크리트 이외의 것이다.
- ☐ 벽의 한 면이 창으로 되어 있다.
- ☐ 지붕에 기와처럼 비교적 무거운 자재를 썼으며, 1층에 벽이 적다.
- ☐ 건물의 평면이 L자 형이나 T자 형으로 요철이 많은 구조다.
- ☐ 위층과 아래층이 넓게 트여 있는 복층 구조다.
- ☐ 창호가 잘 닫히지 않고 기둥이나 바닥이 기우뚱하다.
- ☐ 벽에 금이 가 있다.
- ☐ 베란다 발코니가 파손되어 있다.

→ 체크가 많을수록 지진에 취약하다!

POINT

자택의 내진성을 조사하는 것부터 시작한다. 내진 진단이나 내진 보강 공사에 드는 비용을 지원하는 제도는 없는지 알아본다.

《 내진성과 돈 문제 & A 》

내진 보강 공사를 하고 싶어도 예산이 없는데…

A 우리나라에서는 '민간 건축물 내진 보강 지원 사업'을 실시하고 있다. 준다중·다중 이용 건축물을 대상으로 하며, 내진 보강 공사를 할 경우 공사비용을 지원한다. 또한 '지진안전 시설물 인증제'를 도입해 지원하고 있다.

지진보험에 가입했다면 지진 피해를 입었을 때 보상받을 수 있을까?

A 우리나라에는 지진만 보상하는 '지진 전용 보험'이 없다. 다만 다른 보험에 특약으로 넣을 수 있고, 지자체의 지원도 있으니 찾아본다.

지진으로 집이 무너지면 대출은 어떻게 될까?

A 우리나라는 지진 같은 자연재난으로 주택이 전파되면 피해 주택의 연면적에 따라 최소 지원금이 지원된다. 또한 긴급 자금 대출 등의 금융 지원을 하고 있다.

➡ {129쪽} 다양한 지원 제도 이용하기

1995년 고베대지진 때 희생자의 80% 이상이 건물 붕괴로 인한 압사였다. 자택의 내진성이 얼마나 중요한지 알 수 있다. 46쪽 표로 내진성을 대략 파악할 수 있는데, 제대로 확인하려면 전문가에게 진단을 받아 보는 것이 좋다.

단독주택의 경우 내진 보강 공사를 검토하고, 임차한 건물이라면 내진성이 높은 건물로 이사하는 것도 대안이다. 분양 아파트의 경우에는 입주자대표회의에서 건의해 볼 수 있다.

* 우리나라는 지진으로 건축물 붕괴 시 대규모 인명 피해가 발생할 수 있는 준다중·다중 이용 건축물을 대상으로 한 지원 사업이 있을 뿐, 주택을 대상으로 한 지원 제도는 없다. 2022년 기준 공공시설물의 내진율은 75.1%인 반면, 민간 건축물의 내진율은 15.8%에 그쳤다._옮긴이

화재 위험성 낮추기

☑ **Check!**

- ☐ 전기 코드가 카펫이나 가구 밑에 깔려 있다.
- ☐ 전기 코드를 구부리거나 끈으로 묶어서 사용한다.
- ☐ 전기 코드가 뜨거워져 있다.
- ☐ 플러그나 콘센트에 먼지가 쌓여 있다.
- ☐ 콘센트에 플러그를 문어발식으로 꽂아 사용한다.
- ☐ 사용하지 않는 가전제품의 플러그를 계속 꽂아두고 있다.
- ☐ 가전제품 옆에 수조나 화병이 있다.
- ☐ 차단기가 어디 있는지 모른다.
- ☐ 가열 기구 주변에 정돈되지 않은 타기 쉬운 물건이 놓여 있다.
- ☐ 가스 호스가 뜨거워져 있다.
- ☐ (프로판가스의 경우) 가스통을 체인 등으로 고정하지 않았다.
- ☐ 석유난로가 쓰러지는 것을 막는 방지책이 없다.
- ☐ 석유난로 주변에 타기 쉬운 물건이 놓여 있다.
- ☐ 복도, 계단 등 대피 경로가 되는 곳에 타기 쉬운 물건이 놓여 있다.
- ☐ 옆집과 맞닿은 곳에 금속 덧문이나 깨지지 않게 철망을 넣은 철망 유리가 없다.

➡ 체크가 많을수록 화재에 취약하다!

많이 일어나는 사고가 화재다. 건물 구조별 화재 위험성의 차이는 46쪽 표와 같다. 전기 코드가 가구 밑에 깔리지 않게 하기, 사용하지 않는 가전제품의 플러그 뽑아놓기 등 바로 실천할 수 있는 대책도 많다.

당장 집 안을 둘러보자. 화재가 났을 때를 대비해 소화기와 화재경보기 등을 구비한다. 크기가 작은 소화기나 던져서 불을 끄는 투척용 소화기도 있다.

POINT

전기 코드를 끈으로 묶지 않기, 콘센트에 플러그를 문어발식으로 꽂지 않기, 가열 기구 주변 정돈하기 등으로 화재 위험을 줄인다.

화재 예방을 위해 구비해야 할 것

소화기
여자와 고령자도 쉽게 다룰 수 있는 소형 소화기나 불이 났을 때 던지기만 하면 되는 투척용 소화기도 있다. 화재가 잘 발생하는 주방에 두는 것이 좋다. 사용 연한이 있으므로 정기적으로 확인한다.

화재경보기
화재가 났을 때 연기나 열을 감지해 소리로 알려주는 장치다. 침실과 주방의 천장에 설치한다. 유사시에 작동하도록 건전지가 닳으면 바로 교체한다.

지진 감지 차단기
강한 흔들림을 감지하면 전기를 차단하는 장치다. 일본에서는 밀집 시가지에 설치하도록 권장하고 있다. 누전 차단기와 함께 설치하면 좋다.

누전 차단기
뜨거워진 전기 코드 등이 원인이 되어 누전 화재가 발생할 수 있다. 누전 차단기는 누전으로 생긴 이상 전류를 감지해 자동으로 전기를 차단한다.

고양이가 화재의 원인?

인덕션 사용이 늘면서 고양이에 의한 화재가 늘고 있다. 잠금장치 활용하기, 주방에 울타리를 설치해 반려동물이 들어가지 못하게 하기, 가스레인지를 사용한다면 외출 시에는 가스밸브 잠그기 등 대책을 마련한다. 그 외에도 가전제품이나 콘센트에 반려동물이 싼 오줌이 원인이 되어 누전 화재가 일어나기도 한다. 사용하지 않는 가전제품의 플러그는 뽑고, 콘센트에는 가리개를 씌우는 것이 효과적이다.

집 안 안전 대책

☑ 비산 방지 필름
창문, 장식장, 책장 등의 유리가 깨지면 위험하므로 비산 방지 필름을 붙인다.

☑ 홈카메라
재난이 발생했을 때 집에 있는 개의 모습을 홈카메라를 통해 확인할 수 있다. 카메라도 잘 고정해 둔다.

☑ 가구 고정하기
벽에 나사를 박는 것이 가장 좋다. 임차한 집일 때는 접착 시트나 압축봉으로 고정한다. 바퀴 달린 가구에는 잠금장치를 설치한다.

☑ 물건이 튀어나오는 것을 방지
가구를 고정해도 내용물이 튀어나오면 소용이 없다. 문이 열리지 않게 잠금장치를 설치한다. 일본에는 책장에서 책이 튀어나오는 것을 방지하는 테이프를 판매한다.

☑ 창문 잠그기
창문을 제대로 잠그지 않으면 지진의 흔들림에 창문이 열리고, 개가 탈출할 수 있다.

☑ 물은 여기저기에
보호자가 집에 바로 오지 못할 수 있다. 마실 물을 여러 곳에 마련해 둔다.

가구를 고정하는 것은 개나 사람 모두에게 중요하다. 재난이 발생했을 때 개만 집에 있을 가능성도 높으므로 불필요한 물건을 줄이고, 키가 낮은 가구를 고르며, 무거운 물건은 높은 곳에 두지 않는다.

이동장이나 소파 밑, 벽장 구석 등 개가 두려움을 느낄 때 숨을 수 있는 공간을 만들어 준 후 재난이 어느 정도 진정되면 그곳부터 찾는다. 일본에는 붙박이장 안에 넣을 수 있는 소형 방공호, 내진 침대, 내진 테이블 등이 있다.

> **POINT**
> 지진 부상자의 30~50%가 가구가 쓰러지거나 떨어진 물건에 다친다. 쓰러지는 가구나 떨어지는 물건이 없도록 고정한다.

✅ 개가 도망쳐 숨을 만한 공간 마련하기

유사시 개가 이동장으로 들어가면 순조롭게 동반 대피를 할 수 있다. 열사병의 위험이 있으므로 이동장은 직사광선이 닿지 않는 곳에 둔다.

✅ 도어스토퍼

도어스토퍼는 지진으로 집이 기울어져 문이 열리지 않는 걸 방지한다. 침수가 되면 열린 문을 통해 위층으로 피할 수도 있어야 한다.

✅ 리드줄은 여기저기에

최대한 빨리 리드줄을 매는 게 중요하다. 리드줄 여러 개를 이곳저곳에 두면 좋다.

➡ {25쪽} 리드줄은 여러 개 준비한다

마당에서 키우는 개의 안전 대책

마당에서 개를 키운다면 담장이 무너지거나 창문 유리가 깨져서 다치지 않도록 대책을 마련한다. 놀란 개가 리드줄을 물어 뜯은 후 도망칠 수 없게 와이어 리드줄로 바꾸거나 리드줄 묶은 곳을 단단하게 고정한다. 태풍 등 사전에 예상할 수 있는 재난일 때는 개를 실내에 들인다.

⚠ 블록 담장
⚠ 리드줄
⚠ 유리

1장 사전 대비만이 살길이다

가까운 대피 장소 알아두기

대피소 종류

- **민방위 대피소** : 민방위 사태가 발생했을 때 대피하는 지하 대피소로, 지하철 역사, 빌딩, 아파트 주차장, 터널 등이 있다.
- **지진 옥외대피장소** : 지진인 경우 실내보다는 구조물 붕괴나 낙하물의 위험이 적은 옥외(학교 운동장, 공원, 공터 등)로 대피한다.
- **지진 겸용 임시주거시설** : 내진 성능이 확보된 시설로, 지진과 풍수해 등으로 주거시설을 잃은 이재민과 일시 대피자가 임시 거주하는 곳.
- **이재민 임시주거시설** : 각종 재난으로 주거시설을 잃은 이재민과 일시 대피자가 임시 거주하는 곳.
- **지진해일 긴급대피장소** : 지진해일이 발생했을 때 긴급 대피를 목적으로 지정된 곳.
- **화학사고 대피장소** : 화학물질 유·누출 사고가 발생했을 때 대피하는 곳.
- **원전 구호소** : 원전에서 방사선 누출 등 사고가 발생했을 때 대피하는 곳.

일본의 방재공원

일본은 일부 도시공원을 방재공원으로 지정해 재난 발생 시 방재 거점 장소로 활용하고 있다. 이곳은 전기와 수도가 끊긴 상황에서도 쓸 수 있는 비상 맨홀 화장실을 비롯해 헬리콥터 전용 비행장, 급수 거점, 재난 시 화로로 쓸 수 있는 벤치 등을 갖추고 있어 유사시에 큰 도움이 된다.

POINT

유사시에 대비하여 집 주변은 물론이고 학교, 직장 주변의 대피소를 미리 알아두는 것이 좋다. 어디로 대피할지 가족과 미리 상의한다.

주변 대피소 찾기

행정안전부에서 운영하는 '국민재난안전포털'과
정부 대표 재난안전정보 포털 앱 '안전디딤돌'에서 대피소를 찾을 수 있다.

《 안전디딤돌 앱에서 찾기 》

① 휴대폰에 '안전디딤돌' 앱을 설치한다.
② 첫 화면에서 '대피소 조회'를 클릭한다.

《 국민재난안전포털 홈페이지에서 찾기 》

① '국민재난안전포털'을 검색한다.
② 화면 하단의 '안전시설정보'를 클릭한다.

지진, 호우 같은 자연재해뿐 아니라 각종 화학 사고와 원전 사고, 공습 등이 발생했을 때도 대피소로 신속히 이동한다. 재난 시 대피소를 찾으려고 하면 인터넷 서버가 마비될 수 있으므로 미리 알아두는 것이 좋다. 집 주변은 물론이고 학교나 직장처럼 하루 중 많은 시간을 보내는 곳 주변의 대피소도 알아둔다. 재난의 종류에 따라 피신처도 달라진다. 민방위 사태가 발생하면 지하로 대피하지만 지진이 발생했을 때는 학교 운동장이나 공원, 공터처럼 구조물 붕괴나 낙하물의 위험이 없는 옥외로 대피한다.

가족이 모일 장소와 시간 정하기

가족이 각자 다른 곳에서 재난을 당할 수 있으므로 모이는 대피 장소를 사전에 정한다. 대피 장소가 사람들로 혼잡할 것을 고려해 '○○공원의 공중전화 옆'처럼 구체적으로 정한다. 재난 시에는 전화 연결이 잘 되지 않는 경우가 많으므로 약속이 필요하다. 만나지 못한 채 그곳에서 마냥 기다릴 수 없으므로 '오전 10시와 오후 4시에 찾아오기'처럼 시간도 정하면 좋다.

개와 대피 훈련해 보기

대피 훈련으로 알 수 있는 것

짐이 너무 무겁다!

가져갈 물품을 줄여야
대피 장소까지 안전하게 옮길 수 있는 무게가 어느 정도인지 실감할 수 있다. 휴대가 간편한 이동장으로 바꾸고, 가져갈 물품을 줄이는 등 대책을 세운다.

계단으로 내려가기 힘들다!

아파트의 공동 창고에 비축품을 두자고 건의
아파트에 산다면 지상에서 접근하기 쉬운 곳에 비상용품을 두자고 입주자 대표회의에서 건의해 볼 수 있다. 아파트 반려인 모임을 만들어 반려동물용 비축품도 두자고 건의한다.
➡ {109쪽} 아파트 주민은 대피소에 들어갈 수 없다?

개를 이동장에 넣기 힘들다!

평소에 이동장을 집으로 인식하도록 한다
개가 이동장에 익숙하지 않으면 재난 시에는 더욱 이동장에 들어가지 않는다. 이동장 문이 위쪽에 있으면 비교적 쉽게 넣을 수 있다. 이동 중에 밖이 보이는 부분을 천, 박스 테이프 등으로 가리면 차분해진다.

개와 함께 대피하는 체험을 하면 새롭게 알게 되는 것이 많아서 대비 물품, 선택지 등이 바뀔 수 있다. 마을이나 아파트 단지에서 대피 훈련을 하지 않으면 가족끼리라도 해 본다. 아파트 고층에서 엘리베이터를 타지 않고 내려오는 일이 얼마나 힘든지 실감하게 될 것이다. 평소 개와 산책하면서 대피소를 비롯해서 방재 거점을 눈여겨보는 것이 중요하다.

POINT
개를 데리고 대피 훈련을 해 보면 많은 것을 알게 된다. 대피 장소까지 안전하게 가는 길도 미리 알아둔다.

평소 산책하면서 방재 거점 확인

☑ **대피 장소, 식수 시설, 공중전화 등을 확인한다**
산책할 때 재난 발생 시 주요 거점이 되는 곳을 찾아본다. 우리가 잘 모르는 곳이 의외로 많다.

자택

식수를 보충할 수 있는 공원

공중전화
공중전화는 무선 통신망이 단절된 재난 상황에서 연락 수단이 된다. 유사시를 대비해 비상용 가방에 동전을 준비해 둔다.

자판기
일본에는 재난 발생 시 음료를 무료로 제공하는 '재난 지원 자판기'가 있다.

블록 또는 벽돌 담장
담장으로 둘러싸인 좁은 길은 지진이 났을 때 빠져나오지 못할 위험이 크다.

대피소

☑ **대피소까지 가는 길은 여러 경로로**
재난이 발생하면 최단 경로로 가지 못할 수 있다. 조금 돌아가더라도 안전하게 갈 수 있는 길을 알아둔다.

1장 사전 대비만이 살길이다

 서로 돕는 인맥이 중요하다

동네 이웃

평소에 산책 중에는 개의 배설물을 치우는 등 펫티켓을 지키는 것이 기본이다. 동네 회의나 모임에 참석하다. 어려울 때는 '먼 사촌보다 가까운 이웃이 낫다'는 속담을 기억하자.

평소에 동네 이웃들과

개를 키우는 이웃

개를 키우는 이웃은 대피소에서도 함께 할 가능성이 높으니 평소에 교류하는 것이 좋다. 연락처를 교환하면 재난 시 도움을 주고받을 수 있다.

일본은 재난 대응 이념으로 '자조自助·공조共助·공조公助'를 강조한다. 스스로 대비하고, 가까운 사람들끼리 서로 돕고, 국가가 지원한다는 의미다. 재난 발생 후 국가가 지원하기까지는 시간이 걸리므로 스스로 철저히 대비하고, 가까운 사람들끼리 서로 돕자는 것이다. 평소에 이웃과 원만히 지내기 위해 인사를 나누고 산책 중에는 펫티켓을 지킨다. 반려동물과 사는 인구는 25~30퍼센트 정도다. 유사시에 도움을 받으려면 이웃과 원만한 관계를 유지하는 것이 필수다.

POINT

개를 키우는 친구, 이웃 등과 서로 돕는 것이 재난 시에 중요하다. 보호자의 인맥이 개의 생명을 지킨다.

동물병원
재난이 발생하면 동물병원도 피해를 입게 마련이지만 다친 동물들을 위해서 위험을 무릅쓰고 진료하는 곳이 적지 않다.

펫미용실, 펫호텔, 펫숍
개를 사랑하는 사람들이 모이는 곳이다. 재난 시 반려동물을 맡아 주거나 재난 지역에 직접 봉사를 가는 사람도 있다.

개를 입양한 곳
개를 입양한 곳의 사람들과 좋은 관계를 유지하면 힘이 되어 줄 수도 있다.

온라인 커뮤니티
온라인 커뮤니티에 피해 사실을 알리고 도움을 부탁할 수 있다. 온라인 커뮤니티나 SNS를 통해 도움을 얻어 위기를 넘긴 사례도 있다.

평소 개의 건강관리는 필수

백신 접종

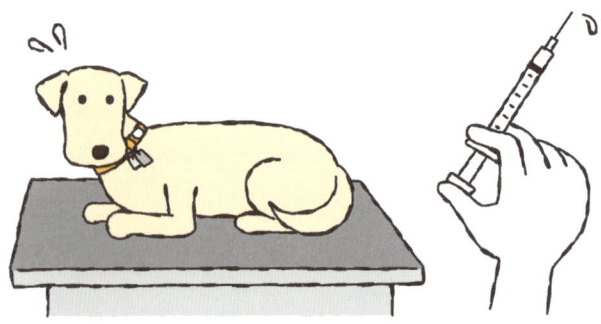

미접종이면 대피소에 들어가지 못할 수 있다

일본은 광견병 접종을 해야 반려동물을 받아 주는 대피소가 있다. 접종은 했지만 증명할 서류가 없으면 출입이 불가능하기도 하다. 백신 접종을 받지 않았으면 대피소에서 감염병에 걸릴 수 있고, 호텔링도 거부당할 수 있다.

예방접종증명서
백신을 접종했으면 증명서를 건강수첩과 함께 보관한다. 휴대폰으로 사진을 찍어 두어도 된다.

POINT
건강관리를 제대로 하지 않으면 재난 시 대피소나 동물병원, 펫호텔에서 거부당할 수 있다.

백신을 맞지 않았다!?
종합백신을 맞지 않았다면 많은 개가 모이는 대피소에서 감염병에 걸릴 위험이 있다. 종합 백신은 물론 광견병 예방접종은 꼬박꼬박 해야 한다.

기생충 예방

《 기생충의 종류 》

외부
- 벼룩
- 진드기

내부
- 사상충
- 회충
- 조충
- 편충
- 십이지장충 등

기생충이 있으면 다른 반려동물이나 사람에게 옮길 수 있다. 특히 살인진드기라 불리는 SFTS(중증열성 혈소판감소증후군) 바이러스로 인해 사람이 사망한 사례도 있다. 개와 사람 모두의 건강을 위해 정기적으로 구충한다.

중성화수술

중성화수술을 하지 않으면 발정기에 공격적으로 변하거나 싸우기 쉽고, 마킹 횟수가 느는 등의 문제가 있어서 대피소에서 거부당할 수도 있다. 2011년 동일본 대지진 때 제한구역에서 개와 고양이의 번식이 많았다. 질병과 번식을 막기 위해 중성화수술은 꼭 해야한다.

백신과 광견병 접종, 기생충 예방, 중성화수술은 평상시의 건강관리에도 중요하다. 대피소 중에는 광견병 예방접종이 의무인 곳이 있다. 접종을 하지 않았으면 재난 시 대피소에 가지 못한다.
광견병 예방접종은 의무적으로 해야 한다.

종합백신은 보호자의 선택에 맡기고 있지만, 동물병원이나 임시 보호소, 펫호텔에 맡기려면 1년 이내의 예방접종증명서가 필요하다. 매년 종합백신을 접종하지 않고 항체검사를 하는 경우라면 항체검사증명서를 받아둔다.

꼭 필요한 개의 사회화 교육

사회화 시기 놓치지 않기

다양한 사물과 상황에 익숙해지게 하려면 호기심이 왕성한 '사회화 시기'를 놓쳐서는 안 된다. 개의 사회화 시기는 생후 3~16주다. 강아지는 백신 접종 완료 전에는 산책을 하지 말라고 하지만 접종 중이라도 안거나 이동 카트에 태워 산책을 해도 된다. 여러 풍경과 사람들, 다른 개들을 만나게 한다.

사람들에게 간식을 건네며 사람과 친숙해지는 훈련을 하는 중이니 간식을 줘 봐 달라고 부탁한다. 사람이 무섭지 않다는 것을 인식시킨다. 다양한 사람을 만날 수 있는 사회화 교육 수업에 참가하는 것도 좋은 방법이다.

사회화가 되지 않아 보호자 이외의 사람이나 개를 무서워하는 개는 대피소에서 지내기 힘들다. 스트레스로 건강이 나빠지거나 다른 사람에게 피해를 주면 대피소를 나와야 할 수도 있다. 일을 보기 위해 개를 잠깐 다른 사람에게 맡길 수도 없다. 강아지 때부터 사회화 교육을 한다. 사회화 교육이 힘들면 전문가의 도움을 받는다. 재난 시뿐 아니라 평소 생활에도 도움이 된다. 몸 만지기, 목줄 매기, 안기, 빗질하기 등에 익숙하게 하고, '이리 와' 같은 기본적인 명령도 익힌다.

POINT

사회화가 부족하면 재난 시 피신처를 선택하는 데 제약이 생긴다. 사회화 훈련은 꼭 필요하다.

칭찬으로 교육하기

1 간식　　**2** 말로 칭찬하기　　**3** 쓰다듬기

개는 칭찬 교육이 기본이고 간식으로 하는 교육은 효과 만점이다. 간식 주머니를 몸에 지니고 있다가 개가 보호자가 원하는 행동을 하면 바로 보상으로 간식을 준다. 간식을 찾으면서 꾸물대서 시간이 걸리면 개는 왜 자기가 칭찬을 받는지 알지 못한다.

말로 칭찬하거나 몸을 쓰다듬을 때도 간식을 주면서 하면 개가 '좋은 일'로 인식한다.

전문가의 도움 받기

책과 인터넷에서 얻은 지식만으로 교육하기에는 한계가 있다. 전문 훈련사에게 도움을 받는 것도 좋다. 강아지 교육센터에 다니거나 훈련사가 집으로 오는 교육을 받을 수도 있다. 교육 방법이 각기 다르니 좋은 곳으로 신중하게 선택한다.

무는 등 문제행동이 있는 개는 행동 치료 전문가와 상담하는 것이 문제 해결의 지름길이다. 성격 문제인 줄 알았는데 사실은 병 때문인 경우도 많다. 동물행동학 전문 수의사와 상담한다. 혼자 고민하지 말고 전문가의 지혜를 빌린다.

강압적인 훈련법의 문제

과거에는 개가 잘못을 저지르면 때리거나 공포심을 줘서 가르치기도 했다. 하지만 많은 연구와 실험을 통해 체벌 훈련을 받은 개는 공격성이 높아지거나 무기력해지는 등 폐해가 있다는 사실이 드러났다. 가정에서 개를 키우는 이유는 개도 사람도 행복하기 위해서다. 개와 좋은 관계를 맺으려면 칭찬으로 교육하는 것이 가장 바람직하다.

다양한 소리에 적응시키기

낮선 소리에 겁을 먹거나 외부 소리에 흥분하지 않도록 평상시에 적응시킨다.

1 작은 소리부터 들려주기

음원이나 녹음한 소리를 작게 틀어 들려준다. 스피커 옆에서 소리를 들려주면서 간식을 주어 좋은 기억을 심어 준다. 익숙해지면 조금씩 음량을 키운다. 노즈워크 장난감 등에 간식을 넣어 다 먹을 때까지 들려준다. 개가 먹다 말고 경계한다면 음량을 낮춰 다시 천천히 적응시킨다.

들려주면 좋은 소리

- 초인종
- 자동차 경적
- 사람 말소리
- 천둥
- 자동차나 오토바이 소리
- 개 짖는 소리
- 사이렌
- 폭죽 등

2 현장 보여 주기

①의 소리에 익숙해졌다면 '소리를 내면서 움직이는 물체'를 보여 준다. 처음에는 멀리 떨어진 곳에서 보여 주고 조금씩 거리를 좁히며 간식 주는 일을 반복한다. 간식을 먹지 않으면 자극이 강하다는 의미이므로 물체와의 거리를 벌린다.

재난 시에는 평소 들을 일이 별로 없는 사이렌 소리 등이 크게 울리고, 대피소에서는 모르는 사람이나 다른 반려동물의 소리를 항상 주변에서 듣게 된다. 조용한 환경에 익숙한 개라면 스트레스를 크게 받으므로 위의 교육을 통해 평상시에 다양한 소리에 적응시킨다.

소리 둔감화 훈련을 위해 다양한 소리를 담은 파일이나 영상을 구해서 활용한다. 평소 삶의 질을 높이기 위해서라도 개가 소리에 너무 민감한 것은 좋지 않다.

다양한 사람에 적응시키기

보호자만 따르는 개는 다른 사람에게 맡길 수가 없으므로 대피 생활이 힘들다.

다양한 유형의 사람과 만나게 하기
남자, 여자, 할아버지, 아이, 안경을 쓴 사람, 수염이 있는 사람 등 다양한 유형의 사람과 만나게 한다. 지인을 집에 초대하거나, 산책 중에 지나는 사람에게 간식을 개에게 줘 달라고 부탁한다. 겁이 많은 개는 물 수도 있으니 상대방을 보게 하면서 간식은 보호자가 준다.

사람을 좋아하는 개라도 달려드는 버릇은 NO!
누구에게나 달려드는 버릇을 고치지 않으면 뜻하지 않은 사고로 이어질 수 있다. 개가 달려들면 무시하고 간식을 주지 않는다.

재난 시에는 봉사자 등 여러 사람의 도움을 받으며 단체 생활을 하게 되므로 다양한 사람에게 익숙해지는 것이 중요하다. 그렇다고 사람을 잘 따르고 애교가 많은 것이 좋은 것만은 아니다. 누구에게나 꼬리를 흔들며 다가가려는 행동은 다른 문제를 야기할 수 있다. 다른 사람이 있어도 긴장하지 않고 보호자의 지시를 잘 따르는 개가 이상적이다.

다양한 개에 적응시키기

개를 좋아하지 않는 개가 의외로 많다.
그러나 대피소에서는 다른 개와 함께 생활해야 한다.

다른 개를 보여 주며 간식 주기

기본은 62쪽 ② 현장 보여 주기와 같다. 산책 중에 만난 다른 보호자나 교육센터에서 만난 사람에게 간식을 줘 달라고 협조를 구한다. 무서워하며 간식을 먹지 않는다면 멀어졌다가 다시 조금씩 거리를 좁힌다.

다른 개를 무시하는 것도 필요

다른 개를 만나면 꼭 다가가 놀려고 하는 것도 곤혹스러운 일이다. 보호자의 지시를 따르는 것이 중요하며, 다른 개가 있어도 신경 쓰지 않고 무시할 수 있어야 한다. 다른 개를 과도하게 의식하면 전문가의 도움을 받는다.

단순히 같이 놀게 한다고 다른 개에게 익숙해지는 것은 아니다. 위협을 느끼고 무서웠던 기억이 있으면 오히려 공포심이 심해진다. 다른 개를 좋아하지 않는 개를 갑자기 반려견 운동장에 데리고 가면 역효과만 난다.

처음에는 다른 개를 보여 주면서 간식을 주어 적응시키고, 같이 놀게 할 때도 위험하다고 판단되면 떼어놓는 등의 통제가 필요하다. 가능하면 전문가의 도움을 받는 것이 좋다. 부르면 보호자에게 오게 하는 법을 가르친다.

재난 시 도움이 되는 명령어

'하우스', '이리 와', '기다려' 등의 명령은 재난 시 특히 도움이 된다.
개와 보호자의 목숨을 살릴 수 있다.

'하우스', '집', '들어가'

함께 대피할 때 유용한 명령이다. '집', '들어가' 등도 가능하다. 일본에서는 지진 경보가 울리면 이동장에 들어가도록 개를 교육하기도 한다. 이동장 안에서 소란을 피우지 않고 기다리는 훈련도 필요하다.

'이리 와'

공황 상태에 빠진 개가 도망치려고 할 때, 위험한 곳에 접근하려고 할 때 유용하다.

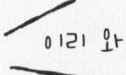

'기다려'

유사시는 물론 평상시에도 꼭 필요한 명령이다. 먼저 실내에서 훈련하고 잘 소화하면 야외나 다른 환경으로 옮겨 언제 어디서든 보호자의 말을 따르도록 교육하는 것이 좋다.

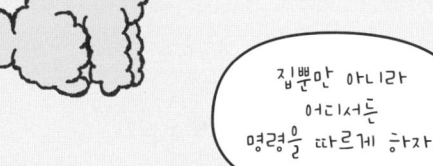

> 집뿐만 아니라 어디서든 명령을 따르게 하자.

옷과 신발에 적응시키기

옷과 신발을 착용하면 대피하는 중에 부상, 화상 등을 방지할 수 있다.
대피소에서 털에 대한 민원도 줄일 수 있다.

옷

옷에 적응시키기
옷을 입히지 않고 등에 올려 놓은 채로 간식을 주어 좋은 기억을 심어 준다. 옷을 개의 잠자리에 두어 체취를 묻히는 것도 좋다.

간식을 먹이면서 입히기
개가 간식을 핥는 동안 목과 발을 끼워 옷을 입힌다. 간식을 손끝에 쥐고 계속 핥게 하는 것이 요령이다. 간식을 넣은 노즈워크 장난감을 활용할 수도 있다.

신발

실내에서 신발 신기기
신발을 신길 때 다리 안쪽 며느리발톱에 걸리지 않게 주의한다. 신발을 신었으면 간식으로 유도하면서 걷는다. 교육 시간을 조금씩 늘린다.

다리를 잡는 것에 적응시키기
개는 발톱 깎기를 싫어하고 다리를 만지는 것도 싫어한다. 다리를 잠깐 만지고 잡는 것부터 적응시킨다.

야외에서 걷기
간식으로 유도해서 걷는 거리를 조금씩 늘리면 신발을 의식하지 않게 된다.

문제행동은 전문가와 상담하기

문제행동이 있는 개는 동물행동 전문의나 전문가와 상담한다.
약물 처방이 도움이 되기도 한다.

 무는 버릇

무는 버릇이 있는 개와 대피할 때는 입마개를 착용한다. 하지만 입마개는 물도 못 마시고 건강에도 좋지 않으므로 단시간만 착용시킨다.

 분리불안

분리불안은 인간의 우울증과 마찬가지로 뇌에 세로토닌 전달이 부족한 것이 원인 중 하나다. 투약을 하면서 보호자의 부재에 익숙해지는 훈련을 한다.

 과도한 짖음

나쁜 버릇이 생긴 원인을 찾는다. 짖었을 때 간식을 주거나 칭찬을 하는 등 잘못된 시그널을 주면 짖는 버릇이 생긴다.

개의 특징별(견종별) 개성 파악하기

개는 견종마다 체형과 성향이 다르고 각각의 특징도 있다.
재난 시 위험 요소가 될 수 있는 반려견의 개성을 제대로 파악한다.

낯선 사람에 대한 공격성이 높다
분리불안의 위험이 높다

닥스훈트는 낯선 사람에 대한 공격성이 높다. 대피소 적응 훈련이 필수다. 미니어처닥스훈트는 분리불안을 느끼는 경향도 높다.

➡ {63쪽} 다양한 사람에 적응시키기
➡ {67쪽} 분리불안

사람이 만지는 것을 좋아하지 않는다

치와와는 성격이 강하고 접촉에 과민한 반응을 보이기도 한다. 몰티즈나 토이푸들도 마찬가지다. 대피소에 있다면 만지지 말라는 경고문을 붙인다.

➡ {112쪽} 대피소에서 개를 돌보는 요령

낯선 개에 대한 공격성이 높다

미니어처슈나우저는 다른 개에게 으르렁대거나 짖는 경향이 있다. 펫호텔이나 대피소에서 지내기가 어려울 수 있다. 스탠더드닥스훈트나 치와와도 비슷하다.

➡ {64쪽} 다양한 개에 적응시키기

과도한 짖음이 많다

셰틀랜드시프도그는 양을 지키는 목양견이었던 만큼 많이 짖고 움직이는 대상을 뒤쫓는 충동이 강하다. 똑똑하므로 잘 교육한다.

➡ {67쪽} 과도한 짖음

자동차 등 소리를 무서워한다

요크셔테리어는 자동차와 오토바이, 전화, 초인종처럼 무생물에서 나는 소리에 두려움을 느낀다. 소리부터 적응시킨다.

➡ {62쪽} 다양한 소리에 적응시키기

탈출 위험이 높다

시베리안허스키는 독립심이 강한 야생적 성격 때문인지 도망을 잘 치고 방랑벽이 있다. 리드줄을 놓치면 안 되고 묶어야 한다면 튼튼한 줄이 필요하다.

➡ {126쪽} 개를 잃어버렸다면

소형견증후군?

개의 체고와 체중이 작을수록 공포심이나 공격성이 높아진다는 '소형견증후군' 현상이 있다. 같은 문제행동이라도 대형견은 큰 사고로 이어지기 때문에 온화한 성격의 개로 선택·번식시킨 반면, 소형견은 문제삼지 않아서 공격적 성향이 그대로 남았다는 연구 결과도 있다.

---

* 참고문헌 *Domestic Dog Cognition and Behavior : The Scientific Study of Canis Familiaris* 외

다른 사람에게 맡기기 어렵다

시바견, 진돗개, 아키타견 등은 개의 조상인 늑대의 기질이 많이 남아 있어 경계심이 강하고 다른 사람을 잘 따르지 않는다.

➡ {63쪽} 다양한 사람에 적응시키기

단두종은 열사병의 위험이 높다

퍼그, 프렌치불도그 등 단두종은 여름철 재난 시 열사병에 취약하다. 순간 냉각팩을 준비하는 등 더위 대책을 세워야 한다.

➡ {122쪽} 개의 더위 대책, 추위 대책

털 빠짐이 문제가 된다

대피소에서는 개의 털이 문제가 되기도 한다. 시베리안허스키, 시바견, 포메라니안 등 털이 많이 빠지는 개는 옷을 입혀 신경 쓰고 있음을 보여 준다.

➡ {66쪽} 옷과 신발에 적응시키기

특정 견종은 대피소에 들어갈 수 없다?

일본은 지자체마다 특정 견종을 대피소에 들이지 않는 지침이 있다. 물림 사고가 많은 견종, 덩치가 큰 견종 등을 대피소에 들이지 않는다. 설령 교육이 잘 되어 있더라도 거부당할 수 있다.

2장

재난 발생 시 행동 요령

재난 발생 순간 어떻게 해야 할까
사람이 우선 살아야 한다

사람이 우선 살아야 한다
유사시 개보다 사람이 더 위험하다. 개는 사람보다 민첩하고 생존 공간도 크지 않기 때문이다. 본인의 몸(특히 머리)을 먼저 보호한다.

⚠️ 지진이 나면 가스를 끈다
일본의 가스레인지는 대부분 진도 5 이상의 지진일 때 안전장치가 작동해 가스 공급이 자동으로 끊긴다. 이때 중요한 것은 가스 불을 끄려고 주방으로 달려가는 것보다는 몸을 보호하는 것이다.
* 우리나라는 지진이 발생하면 가스레인지의 불을 끄도록 하고 있다. 불을 끌 수 있는 기회는 세 번이다. ❶ 작은 흔들림을 느낀 순간. ❷ 큰 흔들림이 멈췄을 때. ❸ 발화된 직후 1~2분 이내. 그러려면 근처에 소화기를 항상 비치해야 한다._옮긴이

개는 진정된 후에 찾는다
지진 발생 순간에는 개도 놀라 흥분하기 때문에 잡기가 쉽지 않다. 흔들림이 멎은 뒤에 찾는다. 개의 은신처가 있으면 찾기 쉽다.

➡ {51쪽} 개가 도망쳐 숨을 만한 공간 마련하기

약간의 차이가 있지만 화재, 수해, 지진 시의 행동요령은 '먼저 자신과 가족을 보호하는 것'이다. '인명이 최우선'(12쪽 참조)임을 명심한다. 재난 발생 순간에 개에게 해 줄 수 있는 것이 없기 때문이다. 사전에 가구를 고정하고, 개가 숨을 공간을 만들고, 이동장에 적응시키는 등의 사전 대비가 중요하다.

POINT 🐾
재난이 발생하면 보호자의 몸을 보호하는 것이 우선이다. 개는 사람보다 민첩하고 생존 공간도 작게 차지하기 때문에 살 확률이 높다.

《 지진 발생! 집 안 장소별 대처법 》

욕실

갇히지 않게 문을 열고 세숫대야 등으로 머리를 보호한다. 발을 다치지 않게 슬리퍼를 신는다.

화장실

문을 열어 대피 경로를 확보한다. 내진 설계가 된 건물이라면 화장실은 비교적 안전한 공간이다. 흔들림이 멎을 때까지 화장실에 있는다.

2층 이상

오래된 건물의 1층은 무너질 위험이 높으므로 2층 이상이 안전하다. 가능하면 밖으로 나간다.

베란다

오래된 건물은 베란다가 통째로 떨어지거나 위층 베란다가 떨어질 수 있다. 실내로 이동한다.

지진 경보가 울리면

일본은 2007년부터 지진조기경보 시스템을 운영하고 있다. TV, 라디오, 인터넷, 휴대폰에 지진 예상 속보가 뜨면 하던 일을 멈추고 안전한 장소로 이동한다. 바로 진동이 오지 않으면 문을 열어 대피 경로를 확보한다.
* 우리나라도 지진조기경보 서비스가 있다. 지진조기경보는 규모 5.0 이상, 지진속보는 규모 3.5~5.0일 때 발표한다._옮긴이

재난 발생 직후 해야 할 일
대피 경로를 확보한다

그렇구나!

화재가 발생하면
소화기나 물 양동이로 진화한다. 불길이 세져 신변의 위험을 느끼면 바로 대피한다. 주위에 불이 났다고 알리고 대피한 후에 119에 신고한다.

자신의 상태 확인
자신의 안전부터 살핀다. 다치지 않았는지, 구조 요청이 필요한지 확인한다.

발을 보호하고 대피 경로 확보
실내라도 슬리퍼나 신발을 신어 발을 보호하고, 문을 열어 옥외 대피 경로를 확보한다. 건물이 기울어져 문을 열 수 없기 전에 움직인다.

구조 요청이 필요할 때
다쳤거나 몸이 끼어 움직일 수 없다면 딱딱한 물건을 두들겨 소리를 내 생존을 알린다. 큰 소리를 계속 내면 체력이 소모되어 위험하다.

지진해일·산사태의 위험이 있을 때
지진해일 경보나 산사태 경보가 발령되면 신속히 대피한다.

POINT
지진의 흔들림이 멎으면 자신의 상태 확인, 대피 경로 확보, 가족과 개의 안부 확인 순으로 행동한다.

지진의 흔들림이 멎으면 대피 경로를 확보한다. 건물이 기울어져 문이 열리지 않을 수 있다.
가족과 개가 무사한지 확인한다. 개가 겁을 먹고 숨거나 불안해하다가 보호자를 위협할 수도 있다. 리드줄을 매거나 이동장에 넣어야 하는데 개가 무서워한다면 진정되기를 기다린다. 개에게 물려서는 안 된다.

개를 잡지 못했을 때

개가 놀라서 리드줄을 맬 수 없거나 이동장에 넣지 못할 수 있다. 급박한 상황이라면 사람만이라도 먼저 대피한다.

➡ {79쪽} 개가 공황 상태가 되어 동반 대피를 할 수 없다!

가족과 개의 안부 확인

집에 있는 가족과 개의 부상 여부 등을 확인한다. 개에게 리드줄을 매거나 이동장에 넣는다.

➡ {76쪽} 재빨리 리드줄을 맨다

정보를 모아 대피 여부를 판단

대피 정보가 뜨는지, 화재나 집이 녹아내릴 위험이 있는지 등 정보를 모은다. 정전일 때는 건전지 라디오가 유용하다. 피해 상황을 확인해 대피 여부를 판단한다.

➡ {78쪽} 동반 대피가 원칙이다

개가 다쳤을 때

가구가 넘어지면서 개가 다칠 수 있다. 신속히 대피해야 한다면 일단 개와 함께 대피한 후에 응급처치를 한다.

➡ {90쪽} 개의 응급처치

TV, 라디오, 인터넷 등으로 대피 정보를 모은다. 대피 권고 또는 대피 명령이 내려지거나 기상청에서 경보가 발령되면 신속히 대피한다.

대피 정보

경계 단계	대피 정보
5	재난 발생 정보
4	대피 권고 〈대피 명령(긴급)〉
3	대피 준비, 고령자 등 대피 시작
2	호우주의보, 홍수주의보
1	조기 주의 정보

4단계에서는 전원 대피가 기본이지만 개와 동반으로 대피를 해야 한다면 보다 빨리 대피해야 한다.

개를 데리고 갈 준비하기
재빨리 리드줄을 맨다

겁에 질려 리드줄을 매기 어려울 때

보호자가 개에게 물리는 일은 없어야 한다.
개가 겁이 많다면 두꺼운 장갑과 착용이 쉬운 목줄이나 가슴줄 등을 준비한다.

이동장 안에 넣은 상태에서 리드줄 매기
개가 무서움을 느꼈을 때, 이동장에 들어가는 교육을 평상시에 했다면 재난 시에 도움이 된다. 개가 이동장에 들어간 상태에서 손을 넣어 리드줄을 맨다. 소형견은 바로 이동장을 들고 대피한다.

➡ {51쪽} 개가 도망쳐 숨을 만한 공간 마련하기

간식 주기
간식을 주면서 리드줄을 맨다.

책상 위에 올리기
높은 곳에 올리면 굳어 버리는 개도 있다. 그때 리드줄을 맨다. 개가 뛰어내리지 않게 잘 붙든다.

➡ {100쪽} 개가 겁을 먹었거나 다쳤을 때 잡는 자세

POINT

재난 발생 후에는 언제든지 대피할 수 있도록 리드줄을 매거나 이동장에 넣고 준비한다.

소형견을 잡아 이동장에 넣을 때

대피를 서둘러야 하는데 개가 겁을 먹어서 잡기 어려울 때는
목욕 수건처럼 큰 천으로 감싸 이동장에 넣는다.

① 천으로 등을 감는다

목욕수건이나 담요로 개의 등을 감는다. 잠자리에 깔았던 천은 체취가 묻어 있어서 안심할 수 있다.

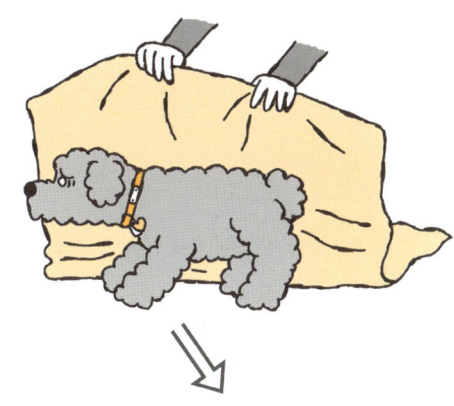

② 온몸 감싸기

온몸을 감싸 움직이지 못하게 붙든다. 천으로 얼굴과 입을 가리면 물릴 위험이 줄어든다.

③ 그대로 이동장에 넣기

천으로 감은 채로 개를 이동장에 넣는다. 옆쪽에 문이 있는 이동장은 개를 머리부터, 위쪽에 문이 있는 이동장은 엉덩이부터 넣으면 수월하다. 둘이 있다면 한 사람은 개를 넣고, 다른 사람은 문을 닫는다. 이동장에 배변 패드를 깔면 소변을 볼 수도 있다.

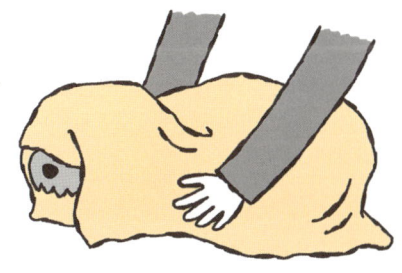

재난이 발생하면 재빨리 리드줄을 맨다. 상황이 더 나빠질 수 있으므로 동반 대피를 위한 준비다.
개가 놀라 흥분하면 진정될 때까지 기다린다. 그러려면 보호자가 먼저 진정해야 한다. 보호자가 초조한 목소리로 큰 소리를 내면 개의 긴장도는 더 높아진다. 바닥에 깨진 유리가 있어 다칠 위험이 있을 때는 개를 부르지 말고 보호자가 신발을 신고 개의 곁으로 다가간다.
유사시에 바로 찾아서 채울 수 있게 집 여기저기에 리드줄을 준비해 둔다.

집에 있을 때 재난 발생

동반 대피가 원칙이다

《 집을 나서기 전에 할 일 》

전기 차단기 내리기

스위치가 올라간 상태에서 가전제품이 쓰러져 망가지면 전기가 다시 공급되었을 때 합선이 일어나 화재가 발생할 수 있다.

가스밸브 잠그기

가스관이나 제품이 망가지면 복구되었을 때 가스가 새어 폭발할 위험이 있다.

문단속하기

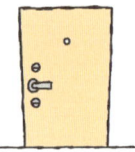

벽 등이 부서지지 않았다면 문과 창문을 잠근다. 빈집털이범이 있을 수 있다.

메모 남기기

현관 안쪽에 가족들이 볼 메모를 남긴다. 무사하다는 확인이 된다.

* 일본에는 재난 시 통신량이 증가해서 연결이 되지 않을 때 제공하는 재난 음성 사서함 서비스가 있다._옮긴이

대피 명령이 내려지거나 화재 등의 위험이 닥쳤을 때 개와 동반 대피한다. 개를 두고 갔다가 그 지역이 제한 구역이 되면 들어가지 못할 수 있다.

반려동물과 동반 대피를 권장하는 이유는 돌봄을 받지 못한 동물들이 고통받다가 죽는 것을 방지하기 위함이다. 또한 떠돌이 동물이 늘면 사람에게 위협을 가할 수도 있기 때문이다.

POINT

대피할 때는 동반 대피가 원칙이다. 자칫 보호자가 집에 돌아오지 못할 수도 있기 때문이다.

《 동반 대피 Q & A 》

Q 개가 도망쳐서 동반 대피를 할 수 없다!

A 재난 시 마당에서 키우는 개도 실내에서 키우는 개도 도망칠 수 있다. 바로 발견하면 다행이지만 대피 명령이 내려지는 등 급박한 상황에서 찾지 못할 때는 사람만 먼저 대피한다. 개가 돌아올 수 있으니 사료를 대량으로 놓아두고 마실 물도 대야 가득 떠 놓는다. 실내견을 위해 창문을 열어 놓을 수 있지만 도둑이 들 수도 있다.

➡ {126쪽} 개를 잃어버렸다면

Q 자동차로 대피해도 될까?

A 대피는 도보가 원칙이다. 대규모 재난에는 도로에 균열이 생기거나 움푹 파인 곳도 있어 위험하다. 극심한 정체도 예상된다. 지진해일일 때는 되도록 높은 곳으로 이동해야 하니 자동차로 대피해도 된다는 견해가 있지만 정체 중에 해일이 몰려올 수도 있다. 여차하면 차를 버려야 한다.

Q 개가 공황 상태가 되어 동반 대피를 할 수 없다!

A 줄을 매려고 하는데 개가 사람을 물려고 할 경우 다급하다면 일단 사람만 먼저 대피한다. 먹을 것을 넉넉히 놓아두고, 문은 도어스토퍼로 고정해 열어둔다. 욕실도 열어두면 여름에는 더위를 식힐 수 있다. 안전이 확보되면 집으로 가고, 그러지 못할 때는 집에 개를 두고 온 사실을 지자체의 동물 담당 부서에 알린다.

산책 중에 재난 발생
절대로 리드줄을 놓지 않는다

《 지진 발생 직후의 행동 》

비명 금지
소리를 지르면 개에게도 공포가 전달된다. 개에게 차분하게 '괜찮아'라고 말하고, '기다려' 같은 명령도 할 수 있다.

가방으로 머리 보호하기
위험한 장소에서 멀리 떨어지고 가방 등으로 머리를 보호한다. 건물 옆은 깨진 유리나 간판이 떨어질 수 있다.

개를 감싸고 자세 낮추기
무릎을 꿇고 자세를 낮춰야 한다. 몸을 웅크려 면적을 작게 한다. 개의 머리를 감싼 채 진동이 멎을 때까지 기다린다.

리드줄 놓지 않기
겁을 먹은 개가 도망가면 영영 못 만날 수 있다. 리드줄을 꽉 쥐고 있어야 한다. 가능하면 목줄도 잡는다.

산책 중에 지진이 일어날 수 있다. 가장 중요한 것은 담장 등 위험한 장소에서 떨어지고, 절대로 리드줄을 손에서 놓지 않는 것이다. 자동 리드줄은 유사시에 조절이 어려워 위험하므로 평상시에도 일반 리드줄로 산책한다. 안전하게 귀가할 수 없다면 개와 함께 가까운 대피소로 간다.

POINT
개와 함께 산책 중에 재난을 당할 수 있다. 집으로 가는 길이 위험하면 가까운 대피 장소로 향한다.

재난 시 피해야 할 장소

⚠️ 고압전선 옆
끊어진 전선에 닿으면 생명이 위험할 수 있다. 태풍이나 지진으로 철탑이 쓰러지기도 한다.

⚠️ 비탈길, 움푹 파인 곳
큰비가 내릴 때는 미끄러질 수 있고, 비탈길 아래 움푹 파인 곳은 침수의 위험이 있다. 굴다리도 주의한다.

⚠️ 블록 담장 또는 벽돌 담장 길
담장은 무너질 위험이 있다. 옹벽도 안전하지 않다.

⚠️ 좁은 골목길
건물이 무너져 길이 막히거나 도망칠 곳이 없어 위험하다. 고베대지진 때 폭 4m 미만인 골목의 70% 이상이 통행 불가였다.

⚠️ 지하도
큰비가 내릴 때는 침수와 토사 재해, 붕괴의 위험이 있다. 수해가 일어난 곳을 통과하는 지하철도 위험하다.

⚠️ 자판기 옆
쓰러질 위험이 있다.

⚠️ 강가 또는 해안가
수해 시에는 강가나 해안가에 절대 가까이 가지 않는다.

⚠️ 연안
지진 발생 후 몇 분 뒤에 지진해일이 올 수 있다. 높은 곳이나 대피소로 향한다. 바닷가에 놀러갈 때는 미리 피신처를 알아둔다.

⚠️ 절벽, 경사면
지진이나 폭우로 산사태가 일어날 수 있다. 균열이 생기거나 작은 낙석이 떨어지는 것은 산사태의 전조 증상이다.

보호자 외출 중에 재난 발생
바로 집에 가지 못할 때 개의 안부 확인하기

《 밖에서 재난을 당했을 때 순서도 》

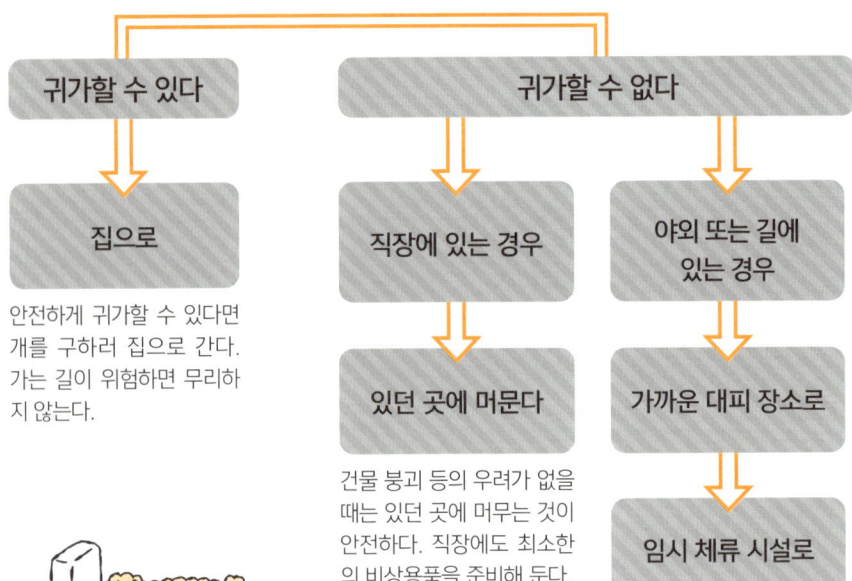

귀가할 수 있다
→ 집으로
안전하게 귀가할 수 있다면 개를 구하러 집으로 간다. 가는 길이 위험하면 무리하지 않는다.

귀가할 수 없다
→ 직장에 있는 경우 → 있던 곳에 머문다
건물 붕괴 등의 우려가 없을 때는 있던 곳에 머무는 것이 안전하다. 직장에도 최소한의 비상용품을 준비해 둔다.

→ 야외 또는 길에 있는 경우 → 가까운 대피 장소로 → 임시 체류 시설로
가까운 대피 장소에서 상황을 지켜본다. 일본은 대중교통 운행이 재개될 때까지 임시로 머물 수 있는 임시 체류 시설을 제공한다.

밥을 원격 급여한다
온라인으로 제어되는 사료 급여기가 있다. 정전이 아니면 원격으로 개에게 밥을 줄 수 있다.

집에서 먼 곳에서 재난을 당한 경우 교통이 마비되어 귀가하지 못할 수 있다. 먼저 가족과 개의 안부를 확인한다. 개가 가족과 함께 집에 있다면 다행이다. 홈카메라로 집에 있는 개의 안부를 확인할 수도 있다.
창밖에서 집안을 볼 수 있다면 이웃에게 확인을 부탁한다. 도움을 받을 수 있는 사람을 미리 만들어 놓는다.

POINT
보호자가 밖에 있을 때 재난을 당하면 귀가가 어렵다. 개가 무사한지 확인할 수 있는 방법을 강구한다.

《 개의 안부를 확인하는 방법 》

집에 있는 가족에게 연락하기

일반 전화는 회선이 마비될 수 있다. 휴대폰의 긴급전화 이용이나 카카오톡이나 모바일 메신저 등으로 가족과 개의 안부를 확인한다.

➡ {139쪽} 카카오톡이나 모바일 메신저 사용

홈카메라로 확인하기

홈카메라를 개가 잘 보이는 곳에 설치해 놓았다면 잘 있는지 확인할 수 있다.

이웃에게 부탁하기

창밖에서 안을 들여다볼 수 있다면 이웃에게 개가 무사한지 봐 달라고 부탁할 수 있다. 건물이 무사한지만 확인해도 마음이 놓인다. 통신이 먹통이 될 수 있으므로 이웃과 연락할 수단을 만들어 놓는다.

걸어서 집에 가기

걸어서 집에 갈 수 있는 거리라면 걸어서 간다. 굽이 높은 신발은 장거리를 걷기에 부적합하다. 직장에 운동화와 지도를 준비해 둔다.

일본은 편의점, 주유소, 패밀리 레스토랑 등에 '재난 시 귀가 지원 스테이션'이 있어서 물, 화장실, TV나 라디오의 재난 정보를 제공한다.

밖에서 지진이 발생했을 때 몸을 지키는 방법

가방으로 머리를 보호하는 것이 기본

어디에 있든 머리를 보호하는 것이 가장 중요하다. 가방을 머리에 올리거나 겉옷을 머리에 쓴다. 마트에 있다면 쇼핑 바구니를 쓴다. 아무것도 없을 때는 양손의 손목을 안쪽으로 해 동맥을 보호하면서 머리를 감싼다. 무릎을 바닥에 대는 등 자세를 낮춰야 안전하다.

번화가

고층빌딩에서 깨진 유리가 떨어질 수 있으므로 되도록 떨어진다. 낙하물의 위험이 없는 광장으로 이동한다. 내진성이 높은 신축 빌딩이 있으면 그곳으로 도망친다. 혼잡한 곳에서는 공황 상태에 빠질 수 있으므로 이성적으로 행동한다.

우리나라는 2019년부터 내진 성능을 확보한 건축물을 지진안전시설물로 인증하는 인증제를 운영하고 있다.

지하상가

지하상가는 지상보다 안전하다. 머리를 보호하면서 기둥이나 벽 옆에서 흔들림이 멎기를 기다린다. 지진 발생 직후에는 지상으로 나가는 비상구에 사람이 몰리므로 주의한다. 정전이 되면 휴대폰의 손전등 기능을 이용한다.

길 위

담장, 자판기 등은 쓰러질 수 있으므로 떨어져 있는다. 좁은 골목은 길이 많이 막히므로 빨리 이동한다. 고베대지진 때는 폭 4m 미만인 길의 70% 이상이 통행 불가였다.

➡ {81쪽} 재난 시 피해야 할 장소

고층빌딩·아파트

고층빌딩은 흔들리기 쉽고, 길게 흔들린다. 저층보다 고층이 더 크게 흔들린다. 사무실에서는 사무용품이 떨어지고 복사기 등이 움직이므로 낙하물이 적은 엘리베이터를 기다리는 곳이나 계단으로 이동한다.

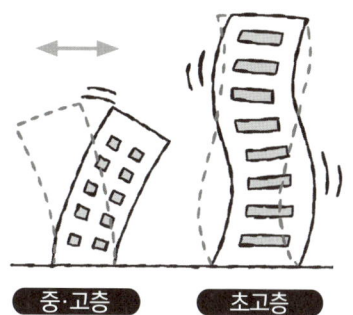

위로 갈수록 심하게 흔들린다.
전체가 흔들흔들 흔들린다.
중·고층
초고층

엘리베이터 안

모든 층의 버튼을 눌러 멈춘 층에서 내린다. 갇히면 출입문을 억지로 열거나 환기구로 탈출하려 하지 말고 비상 호출 버튼(인터폰)을 통해 외부에 연락한다. 정전이 되어도 비상 조명 장치가 켜진다. 일본에는 물, 식료품, 비상용 간이 화장실 등을 갖춘 엘리베이터도 있다.

역 안

추락 위험이 있으므로 승강장에서 떨어져 흔들림이 멎기를 기둥 옆에서 기다린다. 계단, 에스컬레이터에서는 넘어지기 쉬우므로 자세를 낮춘다. 역무원의 지시에 따른다. 지하철역 안이 지상보다 안전하므로 곧장 지상으로 나가지 않는다.

전철 안

심한 흔들림이 감지되면 전철은 급정지한다. 넘어지지 않게 기둥이나 손잡이를 잡고, 가방 등으로 머리를 보호하며 자세를 낮춘다. 곧 비상 조명 장치가 켜진다. 승무원의 지시에 따른다. 감전의 위험이 있으므로 절대 선로에 내려가지 않는다.

자동차 운전 중

비상등을 켜고 서서히 갓길에 정차한 뒤 흔들림이 멎기를 기다린다. 라디오 등으로 정보를 모으고, 걸어서 대피한다. 자동차는 도로가 아닌 주차장이나 광장 등으로 옮긴다. 중요한 물품과 차량 검사증을 챙긴다.

➡ {79쪽} 자동차로 대피해도 될까?

수해(호우, 홍수, 장마, 토사 재해 등) 발생

물이 발목까지 차오르기 전에 대피하기

빠른 대피가 중요!

- 80cm — 물이 허리까지 차오르면 걷는 것도 위험!
- 70cm — 남자라도 걷기 힘들다.
- 50cm — 여자는 걷기 힘들다.
- 30cm — 현관문이 열리지 않는다. 자동차 엔진이 멈출 위험이 있다.
- 20cm — 아이는 현관문을 열기 어렵다. 자동차는 브레이크 성능이 떨어진다.

태풍이나 집중호우 같은 수해가 증가하고 있다. 수해는 빠른 대피가 기본이며, 발목 높이 이상 물에 잠긴 도로를 걷는 것은 위험하다. 대피가 늦었다면 집이나 인접 건물의 높은 층으로 이동해 위기를 모면할 수 있지만, 2층 이상도 침수의 위험이 있다. 기상 정보에 귀를 기울이고 경보가 발령되면 빠르게 대피한다. 야간 대피는 위험하므로 큰비나 태풍의 접근이 예상되면 어두워지기 전에 대피한다.

POINT

물에 잠긴 도로를 걷는 것은 위험하므로 침수되기 전에 대피한다. 물이 차기 시작했다면 높은 층으로 피한다.

도로가 침수되었을 때 걷는 법

이동장에 비닐을 씌워 방수
이동장 틈새로 비가 들이치지 않게 비닐 등으로 덮는다. 중·대형견에게 우비를 입혀서 대피하면 침수 시 비옷이 몸에 들러붙어 걷기 힘들 수 있다. 더러운 물 때문에 감염병에 걸릴 수 있으니 대피는 침수 전에 한다.

우산 말고 우비
큰비가 내릴 때는 우산으로 막기에는 역부족이다. 바람에 뒤집힐 수 있다. 우비를 입는 것이 가장 좋다.

긴 막대로 발밑을 확인하며 걷기
침수가 무서운 건 발밑이 보이지 않는다는 것이다. 위험한 물건이 물속에 있거나 맨홀 뚜껑이 열려 빠지는 사고도 있다. 우산이나 긴 막대로 발밑을 확인하며 걷는다.

손은 최대한 비우기
침수된 도로를 걷는 것은 위험하다. 적어도 한 손은 짐을 들지 말고 비우는 것이 좋다. 비상용 물품을 최소한으로 줄인다.

장화가 아닌 운동화
딱 붙는 장화는 괜찮지만 일반 장화는 안에 물이 고여 자꾸 벗겨진다. 운동화가 더 안전하다. 못 등에 찔리지 않도록 찔림 방지 깔창을 깐다. 가능한 한 발바닥 전체로 바닥을 쓸 듯이 걷는다.

'주의보'와 '경보'

우리나라의 기상 특보는 '주의보'와 '경보'로 나뉜다. 호우의 경우 주의보는 3시간 강우량이 60mm 이상 또는 12시간 강우량이 110mm 이상 예상될 때, 경보는 3시간 강우량이 90mm 이상 또는 12시간 강우량이 180mm 이상 예상될 때 내려진다. 홍수 예·경보는 홍수통제소(한강, 낙동강, 금강, 영산강)에서 수계별 주요 지점의 수위에 따라 발령하며, 침수 예·경보는 서울시에서 시행하고 있다.

2장 재난 발생 시 행동 요령

집에서 침수, 비바람 대피법

밖이 위험하거나 국지성 집중호우일 때에는 실내에서 위험이 지나가기를 기다린다.

덧문과 커튼을 닫고 창문에서 멀어지기
비바람을 막기 위해 덧문을 닫는다. 커튼을 치고 테이프를 붙이면 유리 파편이 튀는 것을 막을 수 있다.

건물의 2층 이상 또는 산 반대편으로 이동하기
침수가 예상된다면 되도록 높은 층으로 이동한다. 옆에 산이나 비탈면이 있다면 산사태 위험이 있으니 산의 반대편으로 이동한다.

지하나 반지하에서 바로 나오기
지하로 빗물이 유입되면 문이 열리지 않을 위험이 있으니 바로 나온다. 욕실, 화장실에 하수가 역류할 수 있다.

모래주머니로 침수 막기
모래주머니를 쌓아 침수를 방지한다. 모래주머니가 없으면 쓰레기봉투 두 장을 겹쳐서 물을 절반 정도 채워 사용한다.

☑ Check!

이런 경우 집에 머무는 것이 좋다

* **하천 범람 구역에 속하지 않을 때**
  우리집이 해당되는지 생활안전지도를 보거나 지자체에 문의한다.

* **침수 높이보다 지대가 높을 때**
  집이 높은 곳에 있으면 침수 피해가 적다(오른쪽 그림 참조).

* **물과 식료품을 넉넉히 구비해 두었을 때**

층	높이
3·4층	5~10m
2층	3~5m
1층	0.5~3m
1층 바닥 아래	0.5m 미만

《 수해 Q & A 》

  천둥 때문에 개가 공황 상태가 되었다

 천둥을 무서워하는 개가 많다. 이 때문에 개가 대피소에서 짖으면 다른 사람에게 피해를 줄 수 있다. 천둥 공포증이 있는 개를 위한 선더셔츠thunder shirt를 평상시에 입혀 본다. 몸을 꼭 껴안아 주는 듯한 옷이어서 불안과 공포심을 완화하는 효과가 있다. 신축성이 있는 붕대로 감는 것도 같은 효과를 얻을 수 있다. 수의사에게 안정제를 처방받거나 솜으로 귀를 막을 수도 있다.

➡ {62쪽} 다양한 소리에 적응시키기

선더셔츠

물이 빠지면 바로 산책해도 OK?

 침수 시 물에는 오수와 하수가 섞여 있고, 물이 빠진 다음 남은 진흙에도 병원체가 있을 수 있다. 산책할 때는 진흙이 쌓인 곳을 피하고 산책 후 개의 발과 몸을 꼼꼼히 닦는다. 사람도 손 씻기와 양치질을 철저히 한다. 지역에서 렙토스피라증(균에 의한 감염병)이 발생하면 종합백신(DHPPL) 접종을 고려한다.

산책 중에 갑자기 벼락이 쳤다

 나무나 전봇대는 벼락이 치기 쉬우므로 4m 이상 떨어진다. 아래 그림의 삼각형 범위 안이 비교적 안전하다. 우산은 피뢰침을 대신하기 때문에 쓰지 않는다. 대피할 곳이 없는 탁 트인 곳에서는 몸을 웅크리고 앉는 자세가 좋다. 그림처럼 양쪽 발뒤꿈치를 붙인 다음 들어서 지면과의 접점을 작게 하면 전류가 발을 통해 들어오더라도 다른 쪽 발로 나갈 수 있다.

개의 응급처치
부상 또는 상태가 좋지 않을 때

의식 유무 확인
의식을 확인할 때 몸을 흔들지 말고 이름을 불러 반응이 있는지 확인한다.

레오야

의식이 있다

외상 확인
다쳤을 때는 응급처치를 실시한다. 의식이 있지만 통증이 있으면 보호자를 물 수 있으므로 움직이지 못하게 붙든다. 개가 날뛰어도 어떻게든 동물병원에 데려간다.
➡ {100쪽} 개가 겁을 먹었거나 다쳤을 때 잡는 자세

의식이 없다

심장 소리 확인
개의 왼쪽 가슴에 귀를 대고 심장 박동 소리를 확인한다. 심장박동은 1분 동안 소형견 60~140회, 중·대형견 60~80회가 정상이다. 15초 동안만 세고 4를 곱한다.

POINT
수의사의 진료를 받을 수 없을 때 보호자가 기본 응급처치를 알고 있으면 좋다.

동물병원에 데려갈 시간과 수단이 없을 때 개의 생존 가능성을 높이기 위해 응급처치를 한다. 동물병원과 연락이 닿으면 수의사의 지시에 따라 처치한다. 잘못된 방법으로 하다가 상태가 더 나빠질 수 있다. 재난 시라도 운영하는 동물병원이 있다. 동물병원이 전기와 물을 쓰지 못하는 상황에서도 필사적으로 구호 활동을 펼친 사례는 세계적으로 많다.

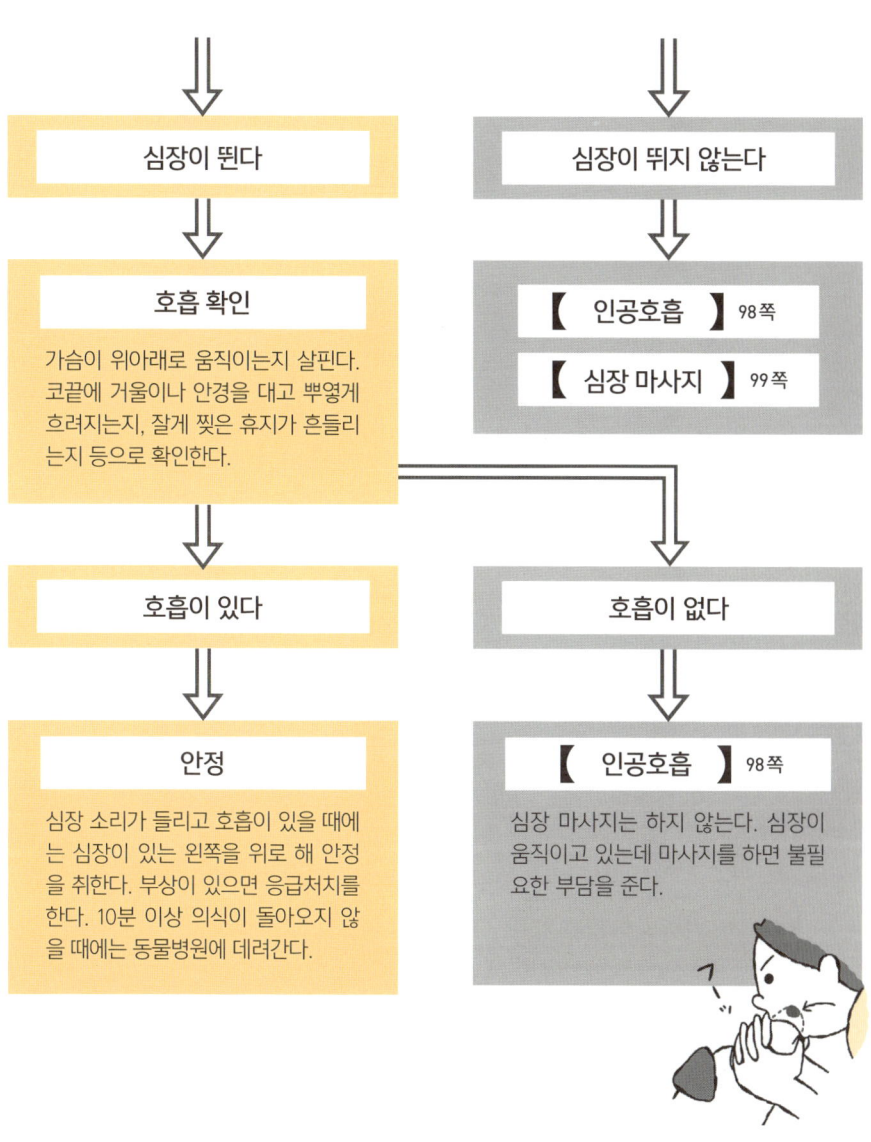

심장이 뛴다	심장이 뛰지 않는다
⬇	⬇
호흡 확인 가슴이 위아래로 움직이는지 살핀다. 코끝에 거울이나 안경을 대고 뿌옇게 흐려지는지, 잘게 찢은 휴지가 흔들리는지 등으로 확인한다.	【 인공호흡 】 98쪽 【 심장 마사지 】 99쪽
⬇	⬇
호흡이 있다	호흡이 없다
⬇	⬇
안정 심장 소리가 들리고 호흡이 있을 때에는 심장이 있는 왼쪽을 위로 해 안정을 취한다. 부상이 있으면 응급처치를 한다. 10분 이상 의식이 돌아오지 않을 때에는 동물병원에 데려간다.	【 인공호흡 】 98쪽 심장 마사지는 하지 않는다. 심장이 움직이고 있는데 마사지를 하면 불필요한 부담을 준다.

응급처치는 안전한 장소에서, 보호자가 마음을 충분히 진정시킨 상태에서 한다. 큰 소리를 내면 개가 더 놀랄 수 있다.

⚠️ **골든타임은 15분**

심장이 멈추고 5분이 지나면 뇌사 상태가 된다. 10분이 지나면 소생 가능성이 없다. 심폐정지 후 곧바로 심장 마사지와 인공호흡을 해서 뇌에 혈액이 얼마간 공급되었더라도 골든타임은 15분이다. 15분 동안 해도 맥박이나 자발호흡이 돌아오지 않는다면 살아날 가망이 없다.

출혈

정맥 출혈이냐 동맥 출혈이냐에 따라 지혈 방법이 다르다.

피가 배어나다
정맥 출혈
↓
압박 지혈

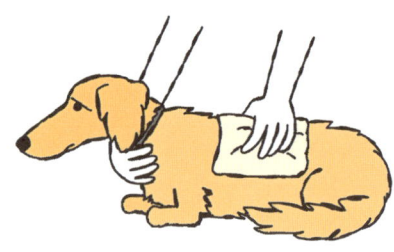

(준비물) 거즈와 붕대, 없으면 손수건이나 수건

다친 곳을 거즈나 붕대 등으로 세게 누른다. 피가 번져도 거즈를 바꾸지 않는다. 바꾸면 굳어 가던 상처가 벌어진다. 5분 이상 압박한 뒤 거즈 위에 붕대를 느슨하게 감아 상처를 보호한다. 손수건이나 수건, 천 조각으로 해도 된다. 탈지면이나 휴지는 상처에 들러붙어 적합하지 않다.

피가 콸콸 쏟아지다
동맥 출혈
↓
심장에 가까운 부분 묶기

(준비물) 붕대나 수건, 손수건, 볼펜 같은 막대

심장에 가까운 부분을 붕대나 수건, 손수건 등으로 묶어 지혈한다. 붕대를 묶은 매듭에 볼펜 같은 막대를 끼운 후 한 번 더 단단하게 감는다. 방치하면 묶은 끝부분에 괴사가 일어나므로 5분마다 매듭을 느슨하게 해 준다. 출혈이 멎으면 압박 지혈로 전환한다.

빈혈인지 알아본다

개의 아랫눈꺼풀을 밑으로 내려 봤을 때 붉은 기가 없고 희멀거면 빈혈일 수 있다. 잇몸 색깔도 마찬가지다. 외상이 없어도 몸 내부에 출혈이 있을 수 있다. 빨리 동물병원에 데려간다.

소량의 출혈은 씻어내기만 해도 OK

출혈이 크지 않을 때는 흐르는 물로 씻어 청결하게만 해도 충분하다. 움직이지 못하면 페트병이나 컵에 물을 담아와 씻는다. 이물질은 제거할 수 있다.

골절·타박상

전문가가 아니라면 골절과 타박을 구분하기란 어렵다. 함부로 움직이지 않는 것이 중요하다.

타박상 ➡ 식히기

(준비물) 아이스팩, 아이스베개, 얼음주머니 등

상처가 없으면 일단 환부를 식힌다. 아이스팩이나 아이스베개, 얼음주머니를 환부에 대고 식힌다. 15~20분이 적당하다.

골절 ➡ 고정하기

(준비물) 종이 박스, 붕대, 수건, 테이프

심하게 부었거나 다리가 이상한 방향으로 꺾여 있으면 골절이다. 통증으로 상태가 악화되는 것을 막기 위해 부목으로 고정한다. 종이 박스나 나무판자를 대고 테이프나 붕대, 수건으로 감는다. 부목을 대기 힘들면 되도록 개를 움직이지 못하게 한다. 부러진 곳을 원래대로 되돌리려고 시도하지 않는다.

나무판자나 종이 박스를 들것으로 활용

골절일 때는 되도록 환부를 움직이지 못하게 해야 한다. 이동장에 넣으려면 다리를 구부려야 하므로 나무판자나 종이 박스를 들것 대신 활용한다. 판자에 개를 눕히고 붕대나 수건으로 감아 고정한다. 종이 박스는 미끄러지므로 고정이 필요하다. 의식이 없을 때도 같은 방법으로 옮긴다.

화상

식히는 것이 가장 중요하다. 동물병원에 가는 동안에도 환부를 식힌다.

부분적·경도 화상

⬇

식히기

환부에 묻은 모래 등의 이물질을 씻어낸 뒤 아이스팩이나 아이스베개, 얼음주머니 등을 대고 식힌다. 15~30분이 적당하다. 동물병원에 가는 동안에도 계속 식힌다.

(준비물) 아이스팩, 아이스베개, 얼음주머니 등

광범위·중도 화상

➡ **랩으로 감아 식히기**

환부에 묻은 이물질을 씻어낸 뒤 환부를 식품용 랩으로 감고 테이프 등으로 고정한다. 상처가 마르지 않게 해서 상처가 낫도록 하는 '습윤 요법'이다. 통증을 줄이기 위해 랩 위에 찬 수건이나 아이스팩을 대고 식힌다. 환부는 매일 씻기고 새 랩으로 바꾼다.

(준비물) 식품용 랩, 테이프, 수건, 아이스팩, 아이스베개, 얼음주머니 등

⚠ 화상에 소독이나 연고는 NO

소독제와 연고는 세균을 죽이지만 상처를 치료하려는 세포까지 죽인다. 상처는 물로 씻기기만 하면 된다. 바셀린을 상처에 바르거나 랩에 발라 사용하면 상처를 보호하고 통증을 가라앉힐 수 있다. 개의 몸은 털로 덮여 있어 화상을 입어도 발견하기 어렵다.

화상의 중증도

1도 표피만 손상. 피부가 빨갛다.

2도 진피까지 손상된 상태. 통증과 물집이 생긴다.

3도 피하조직까지 손상된 상태. 깊은 곳까지 화상을 입어 감각 상실로 통증을 느끼지 못한다.

4도 뼈, 근육 등 더 깊은 조직까지 손상된 상태.

열사병

여름철 실내에서도 걸릴 수 있다. 몸을 빨리 식혀야 한다. 동시에 탈수(96쪽 참조)도 개선한다.

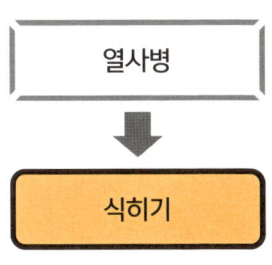

식히는 부위

(준비물)
아이스팩, 아이스베개, 얼음주머니 등

더운 곳에 갇혀 있으면 열사병에 걸려 위험할 수 있다. 열사병은 몸을 빨리 식히는 것이 중요하다. 아이스팩을 머리 뒷부분과 목덜미, 겨드랑이 등 굵은 혈관이 지나는 곳에 댄다. 열이 39℃까지 내려가고 개구호흡(입을 벌리고 하는 호흡)이 진정될 때까지 계속한다. 뇌, 내장에 장애가 생길 수 있으므로 몸을 식혀가며 동물병원으로 간다.

물이 든 대야에 개를 넣거나 샤워기로 물을 뿌린다. 개가 날뛰면 세탁망에 넣어서 한다.

물에 적신 수건으로 온몸을 감싸 식힌다. 수건이 금방 미지근해지므로 계속 바꿔 준다.

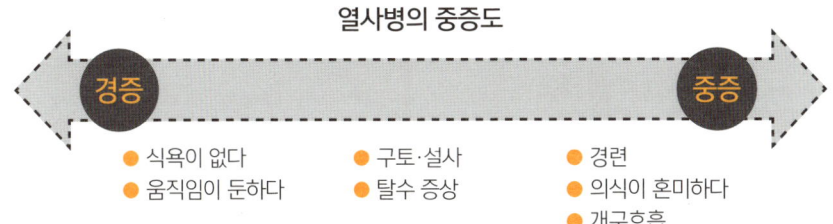

열사병의 중증도

경증 ← → 중증

- 식욕이 없다
- 움직임이 둔하다
- 구토·설사
- 탈수 증상
- 경련
- 의식이 혼미하다
- 개구호흡

대피 생활 중에는 전기를 쓰지 못해 여름철에 열사병에 걸리기 쉽다. 고령, 비만, 지병이 있는 개가 걸리기 쉽다. 중증이면 사망률이 50%다. 유사시를 대비해 순간 냉각팩을 준비한다.

➡ {122쪽} 개의 더위 대책, 추위 대책

탈수

열사병, 감기, 구토, 설사 때 탈수 증상을 보인다.

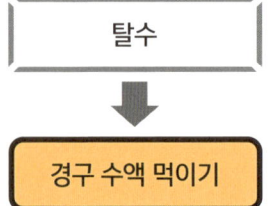

스포츠 음료를 2배로 묽게 해서 먹이거나 경구 수액을 만들어 먹인다. 주사기나 스포이트를 송곳니 뒤쪽 틈새에 끼워서 먹인다. 조금씩 자주 주는 것이 중요하다. 특히 토했을 때는 한 번에 많이 먹이면 구토를 반복할 수 있다. 개구호흡을 하는 중증 탈수는 링거 처치가 필요하므로 동물병원으로 간다.

(준비물) 스포츠 음료, 물, 소금, 설탕, 주사기나 스포이트

체중 1kg당 10cc 이상 먹인다.

경구 수액 만드는 법

물 1L에 설탕 4작은술(약 20g), 소금 1/4작은술(약 1.5g)을 녹이면 개용 경구 수액이 만들어진다. 냉장고가 없으면 보관이 어려우므로 필요할 때마다 만든다. 냉장고에 보관하더라도 하루를 넘기지 않는다.

탈수 증상을 알아보는 방법

목 뒤쪽의 피부를 집어 올렸다가 놓는다. 건강한 개라면 피부에 탄력이 있어 금방 돌아가지만, 탈수 증상이 있으면 원래대로 돌아가기까지 시간이 걸린다(개체마다 차이가 있다). 잇몸이 끈적끈적하거나 말라도 탈수 증상을 의심할 수 있다.

저체온

추위뿐 아니라 질병이나 부상으로도 저체온에 빠진다. 개의 경우 37℃는 저체온이다.

저체온
↓
심장에서 먼 곳부터 따뜻하게 하기

추운 곳에 장시간 방치하면 저체온이 된다. 몸을 급격하게 덥히거나 심장부터 따뜻하게 하면 몸에 큰 부담이 되므로 심장에서 먼 곳부터 천천히 따뜻하게 한다. 개를 종이 박스 안에 넣고 보온 물주머니나 핫팩을 발끝, 엉덩이, 얼굴 등에 댄다. 따뜻한 공기가 빠져나가지 않게 박스에 수건이나 담요를 넣어 준다. 질병이나 부상 등 내인성 저체온의 경우는 지혈 등의 치료도 병행한다.

(준비물) 보온 물주머니, 핫팩, 개용 난방기구, 종이 박스, 수건 등
➡ {124쪽} 추위 대책

개용 전기 매트를 사용할 때는 몸을 담요나 수건으로 감싼 뒤 매트 위에 올려 간접적으로 덥힌다. 몸을 주무르고 만지는 등 마사지를 해 주는 것은 좋지 않다. 안정이 중요하다.

⚠️ **드라이어로 덥히는 것은 위험**

드라이어는 몸을 급격하게 덥히기 때문에 피하는 것이 좋다. 다만 흠뻑 젖었다면 드라이어로 빨리 말려 주는 것이 좋다.

저체온의 중증도

경증 ←——————————————→ 중증

- 온몸 떨림
- 호흡이 빠르다
- 핏기가 없다

- 근육 경직
- 호흡이 얕고 느리다
- 부정맥

- 호흡곤란
- 혼수상태

2장 재난 발생 시 행동 요령

호흡 없음

자발호흡이 보이지 않을 때는 개의 코에 숨을 불어넣는 '마우스 투 노즈 mouth-to-nose' 인공호흡을 한다.

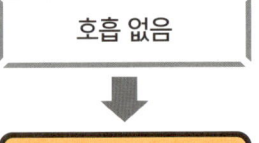

호흡이 멈춘 후 인공호흡을 시작하는 시간이 빠를수록 소생 가능성이 높다. 인공호흡을 하는 동안 다른 사람은 동물병원에 연락한다. 병원에 가는 동안에도 응급처치를 지속한다. 눈가가 실룩대는 것은 의식이나 자발호흡이 돌아왔다는 신호이지만 다시 호흡이 멈출 수 있으니 상황을 지켜본다.

1 기도 확보

혀가 목 안쪽에 말려 들어가 있으면
입을 벌려 개의 혀를 앞쪽으로 당긴다. 혀가 미끄러워 잡기 힘들 때는 천을 대고 잡는다. 이물질이나 토사물이 막고 있으면 손가락으로 제거한다.

심장이 있는 왼쪽이 위로 가도록 몸을 눕힌 다음 목을 바로 해 기도를 확보한다. 입 안을 살펴 이물질이 있는지, 혀가 목 안쪽으로 말려 들어가 있지 않은지 확인한다. 공기가 새는 것을 막기 위해 주둥이를 양손으로 누른다.

2 코에 입 갖다 대기

개의 입과 코를 사람의 입으로 완전히 덮는다.

3 숨 불어넣기

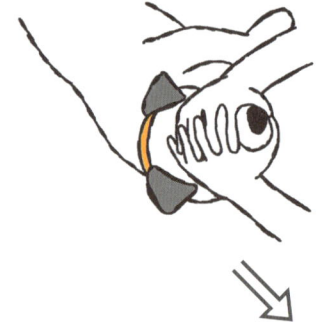

4~6초에 1회
(1분간 10~15회)
숨을 불어넣는다.

개의 흉부가 부풀어 오르도록 코에 숨을 불어넣는다. 너무 급하게 하면 위에 공기가 들어가므로 천천히 한다. 입을 떼고 불어넣은 공기가 배출되어 가슴이 오므라드는 것을 확인한다.

4 자발호흡이 돌아올 때까지 계속하기

15초마다 심장 소리를 재확인하면서 인공호흡을 계속한다. 눈가가 실룩대는 것은 자발호흡이 돌아왔다는 신호다. 인공호흡을 중지하고 상황을 지켜본다.
* 자발호흡이 있을 때 인공호흡을 하면 위험하다. 호흡을 확인하는 방법은 91쪽 참조.

➡ {91쪽} 호흡 확인

심폐정지

심폐정지 때는 심장 마사지와 인공호흡을 교대로 한다.

```
┌─────────────┐
│   심폐정지   │
└──────┬──────┘
       ▼
┌──────────────────┐
│ 심장 마사지와 인공호흡 │
└──────────────────┘
```

심폐정지가 되면 심장 마사지와 인공호흡을 교대로 하는 '심폐소생술'을 한다. 경험이 없어서 완벽하지 않더라도 빨리 시작하는 것이 소생 가능성을 높인다. 평상시에 시뮬레이션을 해 두면 중요한 순간에 도움이 된다.

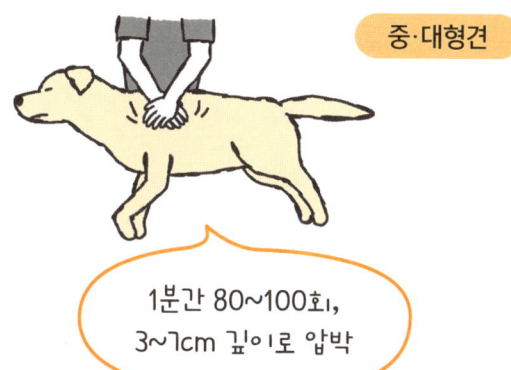

1분간 80~100회, 3~7cm 깊이로 압박

1 왼쪽이 위로 오도록 눕히기

심장이 있는 왼쪽이 위로 오도록 눕힌다.

2 가슴 압박하기

심장은 왼쪽 앞발이 있는 겨드랑이 뒤쪽 부근에 있다. 소형견은 가슴을 한 손으로 잡고 주무르듯이 손가락으로 압박한다. 대형견은 같은 위치에 엄지와 검지 사이를 대고 그 위에 다른 쪽 손을 올려 압박한다. 소형견은 너무 세게 압박하면 갈비뼈가 부러져 폐 등 중요한 장기가 상할 수 있다.

소형견

1분간 100~120회, 1~2cm 깊이로 압박

3 인공호흡

소형견은 심장 마사지를 5~10회, 대형견은 10회 한 후 인공호흡을 1회 한다.
* 심장이 움직이고 있을 때 심장 마사지를 하는 것은 위험하다.

➡ {98쪽} 인공호흡
➡ {90쪽} 심장 소리 확인

4 맥박이 돌아올 때까지 계속하기

맥박을 1분마다 확인하고 맥박이 돌아오지 않으면 ❷, ❸을 계속한다. 맥박은 90쪽과 같이 가슴에 귀를 대거나 발목, 허벅지, 겨드랑이를 만져 확인한다. 15분을 해도 맥박이 돌아오지 않으면 살아날 가망이 없다.

개가 겁을 먹었거나 다쳤을 때 잡는 자세

다친 개를 응급처치 하거나 겁을 먹은 개에게 투약 또는 검사를 할 때 개가 움직이지 못하게 잘 잡아야 한다. 요령은 힘으로 누르는 것이 아니라 팔꿈치나 겨드랑이를 조여 개의 관절의 자유를 제한하는 것이다. 평상시에 연습한다.

앉은 자세

개가 엉덩이를 대고 앉은 상태에서 잡는 방법이다. 약을 먹일 때나 눈약을 넣을 때 필요하다.

- 개의 몸을 끌어당겨 보호자의 가슴에 바짝 붙인다.
- 다른 쪽 손은 개의 허리에 두른다.
- 개의 머리를 껴안듯이 팔을 두르고 목줄에 엄지를 끼운다.

선 자세

개가 선 상태에서 잡는 방법이다. 항문으로 체온을 측정할 때 필요하다.

- 양손으로 개의 목줄이나 볼을 잡고 얼굴을 고정한다.
- 개를 보호자의 양발 사이에 끼운다. 대형견을 붙드는 방법이다.

- 개의 머리를 껴안듯이 팔을 두르고 목줄에 엄지를 끼워서 잡는다.
- 다른 쪽 손은 개의 몸통에 두른다.
- 개의 몸을 끌어당겨 보호자의 가슴에 바짝 붙인다.

엎드린 자세

개가 엎드린 상태에서 잡는 방법이다. 흥분한 개를 잡거나 채혈할 때 필요하다.

- 개의 머리를 껴안듯이 팔을 두르고 목줄에 엄지를 끼워서 잡는다.
- 체중을 실어 누른다.
- 어깨나 앞다리를 누른다.

옆으로 누운 자세

개가 옆으로 누운 상태에서 잡는 방법이다. 배 쪽을 치료할 때 필요하다.

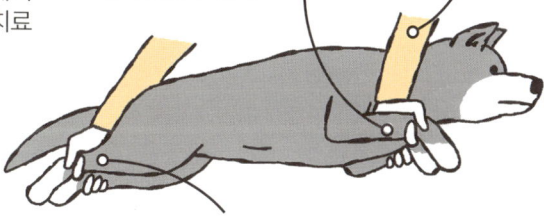

- 양쪽 앞다리를 한쪽 손으로 잡는다. 다리 사이에 검지를 끼우면 단단히 잡을 수 있다.
- 팔로 개의 머리를 누른다.
- 양쪽 뒷다리도 앞다리와 마찬가지로 잡는다.

안는 자세

소형견을 잡는 방법이다.

- 개의 머리를 손으로 누른다.
- 팔로 개의 몸통을 누른다.
- 개의 허리를 받친다. 개의 다리 사이에 검지를 끼워 양쪽 뒷다리를 잡으면 좋다.

⚠️ **리드줄을 맨 채로**

대피소나 옥외에서 응급처치를 할 때 탈출을 방지하기 위해 개에게 리드줄을 맨다. 리드줄의 손잡이도 꽉 쥔다.

입질을 막는 방법

온순한 개도 공황 상태가 되면 사람을 물 수 있다.
입으로 공격하지 못하게 한 후 응급처치를 한다.

엘리자베스칼라 씌우기

엘리자베스칼라가 없으면 사무용품인 클리어파일이나 종이 박스를 잘라 간이 칼라를 만든다.

입마개하기

입마개가 있으면 좋다. 장시간 착용하면 열사병이나 스트레스의 원인이 되므로 치료가 끝나면 벗긴다.

붕대 사용하기

입마개나 칼라가 없으면 붕대로 주둥이를 고정한다.

1 길게 푼 붕대를 턱 아래에 대고 주둥이 위쪽에서 1회 교차시킨다.

2 턱 아래에서 한 번 더 교차시킨 뒤 목 뒤쪽에서 묶는다.

목 주변을 2회 이상 교차시키면 목이 졸리므로 주의한다.

단두종은 주둥이를 수건으로 감싸기

주둥이가 짧은 견종은 붕대로 고정할 수 없다. 입마개가 없으면 수건으로 코 위에서부터 턱 아래까지 감싼 뒤 목 뒤쪽에서 손으로 수건을 쥔다.

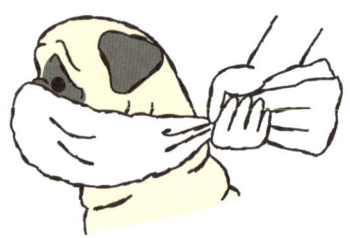

장시간 있으면 질식 위험이 있으니 개를 살피면서 적당히 풀어 준다.

3장

슬기로운 대피 생활

대피는 대피소에서만 하는 게 아니다

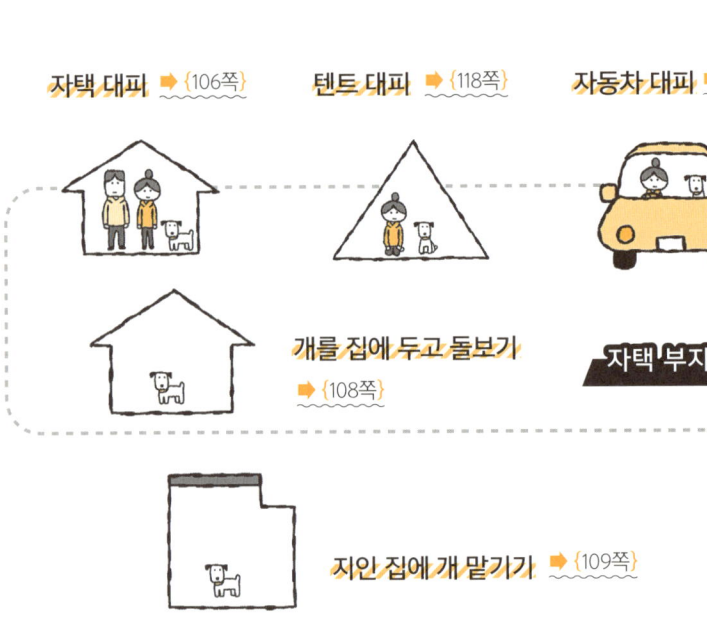

지인에게 맡기기
➡ {121쪽}

임시 보호소에
맡기기
➡ {121쪽}

동물병원이나 펫호텔에 맡기기
➡ {120쪽}

POINT

대피는 대피소에서만 하는 것이 아니다. 피해를 입지 않았다면 집에서 지내는 것이 가장 좋다. 개도 스트레스를 덜 받는다.

대피소(임시 주거 시설)에서 대피 생활을 하는 것이 당연하다고 많이 생각하지만, 집에서 생활이 가능하다면 집이 가장 좋다. 대피소는 각자의 공간이 좁아 사생활 보호가 어렵고, 감염병의 위험도 있다. 개도 집에 있는 것이 스트레스가 적다. 전기, 수도, 가스 등이 끊겼다면 개는 집에 있고 사람은 대피소에서 지내면서 오갈 수 있다. 대피 생활을 보내는 법은 다양하다.

대피 생활의 형태는 다양하다

대피소 부지 내

처마 대피란 실내는 아니지만 지붕이 있는 곳에서 지내는 것이다. 반려동물 전용 공간으로 할당되는 경우가 많은데 문제는 심한 더위와 추위다.

대피소에서 반려동물과 지낸다고 해도 보호자와 한 공간에 있는 경우는 드물다. 한 공간에 있어도 고양이 등 다른 반려동물과 함께일 수 있다.

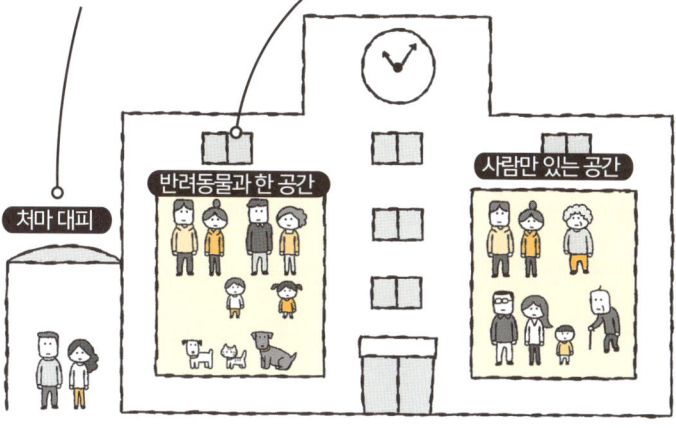

대피소에서 개 돌보기
➡ {110쪽}

텐트 대피
➡ {118쪽}

자동차 대피
➡ {116쪽}

대피소에서 개와 지낸다고 해도 개는 전용 공간에 두고 보호자가 매일 들여다보는 것이 대부분이다. 알레르기 때문에 개와 사람을 한 공간에 두지 않는다.

> ⚠️ **동반 대피 ≠ 반려동물과 한 공간**
>
> 동반 대피가 반려동물과 한 공간에서 지낸다는 의미는 아니다. 동반 대피란 반려동물과 함께 안전한 곳으로 이동하는 것이다. 대피소는 동물을 좋아하지 않거나 알레르기가 있는 사람도 있어서 개는 별도의 공간에 두는 경우가 많다.

개도 사람도 집
집이 안전하면 집에서 대피

물 문제

수도가 복구되기 전에는 급수차 등을 이용

급수 거점이나 급수차에서 물을 얻는다. 약수통이나 2L짜리 페트병에 물을 받는다. 없으면 종이 박스나 양동이에 큰 비닐 봉투를 두 겹 겹쳐 씌운 다음 물을 받아 묶는다.

단수 때 물을 보급받을 수 있는 '재난 시 급수 장소' 마크(일본 도쿄).

식사 문제

가스버너의 대활약!

재난 발생 직후에는 조리할 여유가 없지만 안정을 찾으면 먹을 것이 필요하다. 가스버너가 있으면 물도 끓이고 조리도 할 수 있다. 부탄가스 한 통이면 60분 정도 사용할 수 있다.

집이 붕괴될 위험이 없고 화재 등 2차 재난의 걱정이 없다면 집에서 지내는 것이 사람과 개 모두에게 스트레스가 적어서 가장 좋다. 고베대지진 때 건물이 다소 무너져도 개 20%, 고양이 60%가 집에서 지냈다.
전기, 수도, 가스 등이 끊기면 모아둔 부탄가스와 물이 도움이 된다. 구호물자는 대피소에서 얻는다.

POINT

건물 피해가 적으면 사람과 개 모두 집에서 대피 생활을 한다. 물자와 정보는 대피소에서 얻는다.

화장실 문제

배수가 가능하면 물로 흘려보내고, 불가능하면 쓰레기로 버린다.

배수가 가능할 때

배수가 불가능할 때

⚠️ 재난 시 아파트에서 화장실 물을 내리면 손해 배상?

배수관이 파손되지 않았음을 확인할 때까지 화장실 물을 내리지 않는다. 아파트는 윗집에서 물을 내리면 아랫집에 피해가 발생해 손해 배상이 청구될 수 있다.

단수여도 배수가 가능하면 물로 배설물을 흘려보낸다. 배수관이 파손되지 않았는지 확인한 후 사용한다. 설거지, 빨래 등에 쓴 물을 재사용한다.

변기에 비닐 봉투를 씌우고 수분을 흡수할 신문지를 뭉쳐 넣는다. 이용 후에 비닐 봉투를 묶어서 버린다. 종이 박스, 양동이를 변기 대신 사용할 수 있다.

전기 등 평균 복구 시일

	고베대지진 (1995년)	동일본대지진 (2011년)
전기	2일	6일
수도	37일	24일
가스	61일	34일

전기는 비교적 빨리 복구된다. 가스 복구가 가장 늦으므로 휴대용 가스버너가 있으면 좋다. 겨울에는 가스 난로 이외의 난방기구가 있으면 도움이 된다.

대피소에서 반드시 등록할 것

집에서 대피 중이어도 구호물자와 정보는 대피소에서 얻어야 하므로 대피소에 가서 이재민으로 등록한다. 여러 정보를 얻기 위해서 대피소 사람들이나 이웃들과 적극적으로 교류한다. 수의사 단체 등에서 순회 진료를 할 수 있으니 잘 알아둔다.

그렇구나!

개는 집, 사람은 대피소
개를 집에 두고 돌보기

개를 집에 둘 때 주의할 점

불필요한 물건 정리하기
엉망이 된 방에서는 개를 찾기도 힘들다. 피해가 적은 방을 치운 후 그곳에 개를 둔다.

탈출 방지가 가장 중요하다
창문이나 벽의 일부가 부서졌다면 개가 도망치지 못하게 나무판자나 종이 박스 등으로 임시 보수한다. 규모가 커서 보수가 어려우면 개를 이동장에 넣는다.

개가 도망쳐 숨을 공간 마련하기
대피 생활 중에도 여진이 일어날 수 있다. 이동장 등 개가 숨을 공간이 있으면 좋다. 여진에 넘어질 가구가 없는지 살핀다.

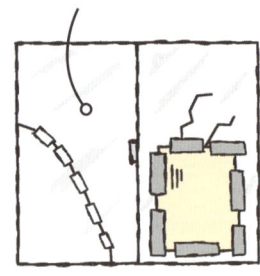

필요한 물자 챙기기
사료와 물 등이 필요하다. 집에 없다면 구비한다.

전기, 수도 등이 끊겼어도 집의 피해가 적으면 개를 집에 두는 것이 개에게는 스트레스가 적다. 매일 들러 밥과 물을 챙기고 배설물을 치운다. 개 출입 불가인 대피소라면 어쩔 수 없이 이 방법을 택해야 한다.

집의 피해가 있다면 피해가 적은 지인 집에 개를 부탁하고 여럿이 돌보는 방법도 있다.

> **POINT**
> 보호자는 대피소 등 다른 곳에서 지내면서 집에 있는 개를 매일 보러 간다.

지인 집에 개 맡기기

가능한 한 다른 반려동물과 분리하기
스트레스와 감염병 예방 차원에서 다른 반려동물과 분리하는 것이 좋다. 한방에 있어야 한다면 이동장에 천을 씌워 다른 동물이 보이지 않도록 한다.

문을 여닫을 때 도망치지 않게 주의
개가 다른 방이나 밖으로 뛰쳐나가지 않게 이동장을 잠그거나 문을 여닫을 때 주의한다.

다른 반려동물에게도 관심 갖기
집주인이나 다른 보호자의 반려동물이 있을 수 있다. 대피소의 '반려인 모임'(114쪽 참조)처럼 서로 협력한다.

집주인에게 감사의 뜻 표하기
호의를 당연시해서는 안 된다. 인사와 감사를 전하고, 불편을 끼치지 않는지, 도울 일은 없는지 묻는다.

아파트 주민은 대피소에 들어갈 수 없다?

대피소는 모든 이재민을 수용할 수 없다. 비교적 내진성이 높은 아파트(철근콘크리트 구조 등)에 사는 사람은 집에서 지내라는 말을 듣기도 한다. 단독주택은 내진성과 내화성이 낮아서 집이 위험한데, 아파트는 전기와 수도 등이 끊겨도 건물이 무사하기 때문이다.

개도 사람도 대피소
개도 함께 대피소에 들어가려면

반려동물 출입이 가능한 대피소인가

모든 대피소에 반려동물이 들어갈 수 있다는 방침을 명확히 내세운 지자체가 있는가 하면, 운영자의 방침에 따라 출입이 불가하거나 출입을 검토조차 하지 않은 곳도 있다. 어떤 곳은 재난으로 혼란스러운 와중에 반려동물의 출입 여부를 부랴부랴 결정하기도 한다. 유사시에 허둥대지 않도록 자신이 사는 지역의 대피소 방침을 미리 알아둔다. 아무 방침도 없으면 사전에 검토를 요구한다.

'반려동물 동반 대피 원칙'

일본의 반려동물 동반 대피는 법률이 아니라서 강제력은 없다. 2016년 구마모토지진 때는 재해대책본부에서 각 대피소로 지침을 내려 반려동물의 출입이 가능해진 사례가 있다.
* 미국, 호주 등 선진국은 반려동물 대피와 이동에 관한 법을 제정하거나 의무화하고 있다._편집자

POINT
대피소에서 개와 함께 있으려면 펫티켓을 철저히 지켜야 한다.

대피소에서 개와 함께 지내고 싶어도 대피소가 반려동물 출입 불가일 수 있다. 애당초 반려동물 관련 방침이 없는 대피소가 많다. 그런데 보호자가 펫티켓을 지키지 않아 반려동물 출입 불가로 방침이 바뀐 사례도 있다. 대피소에서 반려동물과 지낼 수 있느냐 없느냐는 보호자의 태도에 따라 달라지기도 한다. 대피소 운영자와 합리적으로 논의한다.

펫티켓을 지키지 않아 반려동물 출입 불가!

반려동물과 함께 대피소에 들어갔는데 펫티켓을 지키지 않아서 출입 불가가 된 사례가 있다. 한 보호자가 개를 리드줄 없이 대피소 안에 풀어놓았기 때문이다. 반려동물과 함께 대피했던 사람들 전원이 대피소에서 퇴출되었다. 대피소는 사람이 우선인 장소다. 동물을 좋아하지 않거나 동물 알레르기가 있는 사람도 있다.

펫티켓을 지키지 않은 사례

반려동물은 전용 공간에 있어야 하는데 일반 공간에 데려오거나 배설물을 치우지 않고, 영유아 옆에서 개를 산책시킨 사례가 있었다. '반려인 모임'(114쪽 참조)을 만들어 논의한다.

대피소에 반려동물을 받지 않으면 좋겠다고 생각하는 이유

* 일본 《2016년도 대피소 이재민 지원에 관한 실례 등 보고서》 중에서

1. 냄새 ············· **79.9**%
2. 짖는 소리 등 소음 ············· **77.6**%
3. 동물 알레르기 ············· **56.7**%
4. 동물이 무서움 ············· **23.9**%

이재민은 '손님'이 아니다

대피소에 간다고 행정기관이 다 알아서 해 주지 않는다. 관공서나 대피소 책임자도 재난을 당한 와중에 대피소를 개설·운영하는 것이므로 손님인 양 있어서는 안 된다. 접수나 배식 등 일을 거든다. 다른 사람의 공간에 들어가거나 엿보고 소리를 내면 안 된다. 고령자, 임산부, 어린아이, 외국인 등에게도 신경을 쓴다.

개도 사람도 대피소
대피소에서 개를 돌보는 요령

축구 골대를 이용해 비를 피한다

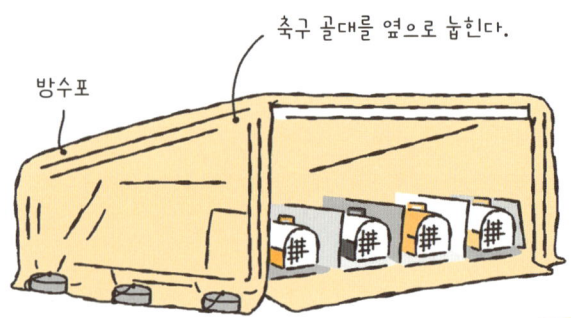

⚠️ 강풍·호우 시에는 적합하지 않다.

⚠️ 축구 골대는 반드시 옆으로 눕혀 사용한다. 눕힐 때 발이나 손이 끼이지 않게 주의한다.

철봉이나 구름다리 같은 놀이기구도 활용할 수 있다.

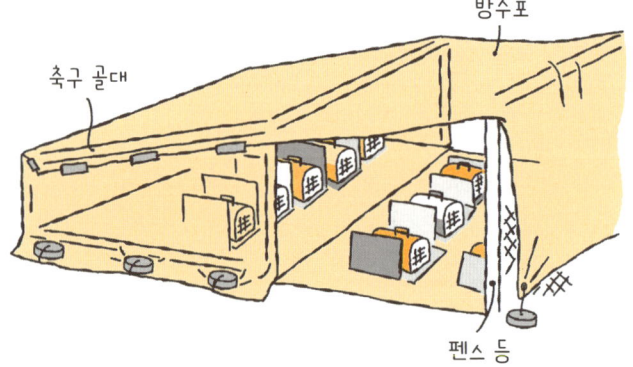

POINT

낯선 옥외나 다른 동물과 가까이 생활하는 개의 스트레스를 줄이는 방법을 궁리한다.

대피소가 개설된 직후에는 대부분 옥외에서 개를 돌보게 된다. 지붕이 없는 곳에 두어야 할 때는 위와 같이 방수포로 지붕을 만든다. 그런 다음 개가 도망치지 않게 단단히 묶는다. 손잡이 부분의 고리와 연결링이 달린 리드줄은 기둥이나 난간에 묶으면 도움이 된다. 리드줄을 물어뜯어 도망치지 않도록 와이어 리드줄이나 체인 리드줄로 교체할 수도 있다.

켄넬이 없는 경우

배변 패드를 화장실로
배변 패드를 테이프로 바닥에 붙여 화장실로 만들고, 배설물은 빨리 치운다. 패드에 용변을 보지 않으면 하루에 산책을 여러 번 시킨다.

종이 박스로 간이 집 만들기
이동장이나 켄넬이 없다면 종이 박스로 집을 만든다. 박스 위쪽 두 곳을 펼쳐 비와 햇빛을 피하는 가림막으로 하고, 남은 두 곳은 접어 바람을 막는다. 안에 작은 종이 박스나 담요를 넣어 추위를 막는다.

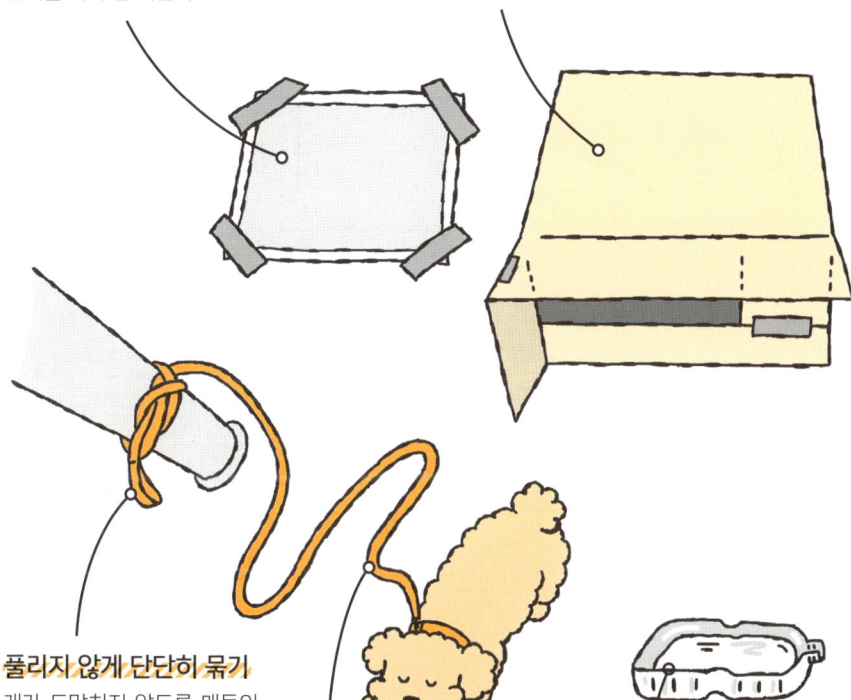

풀리지 않게 단단히 묶기
개가 도망치지 않도록 매듭의 왕이라고 불리는 보라인 매듭 bowline knot 등으로 단단히 묶는다. 옆에 다른 개가 묶여 있다면 닿지 않게 거리를 벌리고 리드줄 길이도 조절한다.

물어뜯을 수 없는 리드줄로 교체
와이어나 체인 리드줄은 개가 물어뜯을 수 없다. 목줄도 빠지지 않게 조절한다.

사료는 그때그때 치우기
사료를 치우지 않고 그대로 두면 벌레가 생긴다. 먹다가 남긴 사료는 치우고 물만 놓아둔다.

보라인 매듭

➡ {122쪽} 개의 더위 대책, 추위 대책

켄넬에서 돌볼 경우

보호자의 정보 명시하기
일이 생겼을 때 연락이 되도록 보호자의 이름과 전화번호, 생활하고 있는 곳 등을 적은 메모를 붙인다.

만지지 말라는 경고문
아이들도 읽을 수 있게 큰 글씨로 만지지 말라는 경고문을 만든다. 아이들이 개를 만지려다가 물림 사고가 생겨서는 안 된다.

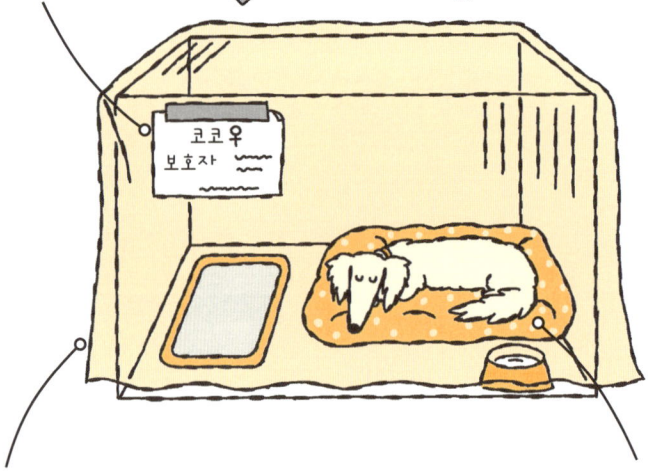

주의!!
만지지 마세요!
개가 놀라서
물 수 있습니다.

코코우
보호자

켄넬을 천이나 종이 박스로 가리기
켄넬을 가려 닫힌 공간을 만들면 개가 안정이 된다. 특히 초반에는 켄넬 전체를 가리는 것이 좋다.

다른 반려동물과 떨어뜨리기
낯선 개나 고양이가 보이면 스트레스의 원인이 된다. 켄넬끼리 떨어뜨리거나 보이지 않는 곳에 둔다.

평소에 쓰던 침대나 수건이 있으면 안심
개가 평소에 쓰던 방석이나 보호자의 체취가 묻은 옷을 넣어 주면 개가 안정을 찾는 데 도움이 된다.

반려인 모임 만들기

반려동물을 키우는 보호자가 뭉치는 것이 중요하다. 대표자를 정하면 대피소 운영자와 논의할 때 수월하다. 동물용 구호물자나 순회 진료 같은 정보를 전달하기도 쉽다. 대피소를 잠시 비울 때도 있으므로 반려동물의 밥을 챙기는 등 서로 돕는다. 반려동물 전용 공간을 분담해서 청소한다.

《 털 빠짐과 오염물에 신경을 쓴다 》

개의 털 빠짐과 냄새는 민원의 원인이 된다. 빗질이 필요하지만 털이 날릴 수 있으니 조심한다. 산책 중에 옷을 입혀 털이 빠지지 않게 하고, 신발을 신겨 발바닥에 묻은 오염물을 실내에 들어오지 않게 한다. 보호자 옷에 묻은 털도 자주 제거한다. 동물을 좋아하지 않는 사람도 있으니 배려하는 자세가 중요하다.

《 개의 건강을 도와줄 근력 운동 & 스트레칭 》

나이가 많은 개는 켄넬 안에서 온종일 움직이지 않으면 근육이 빠진다. 날씨에 따라 산책을 하지 못할 수도 있다. 노견의 근력 운동이나 스트레칭을 돕는다. 켄넬 안에서 일어났다 앉았다 하는 것만으로도 운동이 된다.

✓ Check! 순회 진료를 놓치지 말자

일본수의사회는 재난 발생 48시간 이내에 동물구조본부를 설립하고 72시간 이내에 순회 동물 진료팀을 꾸려 대피소에 파견하는 것을 목표로 한다. 과거 사례를 보면 일주일에 1회 순회 진료를 하고, 동물병원에서 무료로 건강 상담을 했다. 이런 정보는 대피소 게시판이나 라디오를 통해 얻을 수 있다.
* 우리나라에서는 2022년 울진 산불 때 경상북도와 경북수의사회가 산불 피해 동물 무상 진료 및 치료를 위해 '동물진료지원반'을 구성했다._옮긴이

개도 사람도 차
차에서 개와 함께 지내기

 차에 있는 개가 일으키는 사고

개를 차에 두고 화장실이나 산책을 간 사이에 예기치 못한 사고가 일어나기도 한다. 개가 운전석에 가지 못하도록 펜스를 설치하는 등 대책을 강구한다.

➡ {40쪽} 차박과 캠핑 용품

개가 창문 버튼을 누르다
개가 창문을 열어 도망치거나 창문에 목이 끼일 수 있다. 나오려는 개를 막으려고 보호자가 창문 안으로 머리를 집어넣는 행동도 위험하다.

개가 문을 잠가 차에 타지 못하다
개가 운전석의 잠금 버튼을 눌러 차에 타지 못하는 경우가 있다. 열사병의 위험이 있으면 창문을 깨야 할 수도 있다.

리드줄이 엉켜 목이 졸리다
차 안을 돌아다니다가 리드줄이 엉키기도 한다.

차박은 개와 함께 지낼 수 있고, 기름이 있으면 전기와 에어컨을 쓸 수 있으며, 사생활이 보장된다는 장점이 있다. 낯선 개, 고양이와 함께 지내는 대피소보다 개도 스트레스를 덜 받는다. 차박은 집 주차장이나 대피소 부지, 허가받은 광장 등에서 할 수 있다.

주의해야 할 점은 열사병이다. 여름철이 아니어도 날씨가 포근해지면 차 내부의 온도가 올라간다. 보호자는 장시간 앉아 있어서 생기는 심부정맥혈전증, 일명 '이코노미클래스증후군'도 조심해야 한다. 둘 다 생명을 위협할 수 있다.

POINT

자동차가 있다면 자동차에서 함께 대피 생활을 할 수도 있다. 장점과 단점이 있다.

⚠️ 여름철에 에어컨 없으면 열사병에

열사병 지수의 추이

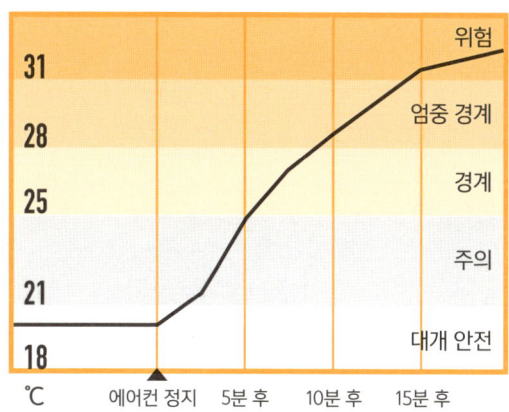

* 일본자동차연맹JAF의 실험 결과. 창문을 열거나 창문에 햇빛 가리개를 설치해도 차 안 온도 상승을 막지 못한다.

➡ {95쪽} 열사병

에어컨을 끄면 15분 만에 위험!

평상시에는 환경과 소음 문제 때문에 엔진을 계속 켜두는 것은 바람직하지 않지만 재난 시에는 열사병을 막기 위해 어쩔 수 없다. 엔진을 꺼도 에어컨을 사용할 수 있는 차도 있다. 차고 안이나 눈 속에서는 엔진을 계속 켜두지 않는다. 일산화탄소중독을 일으킬 수 있다.

⚠️ 이코노미클래스증후군으로 사망하기도

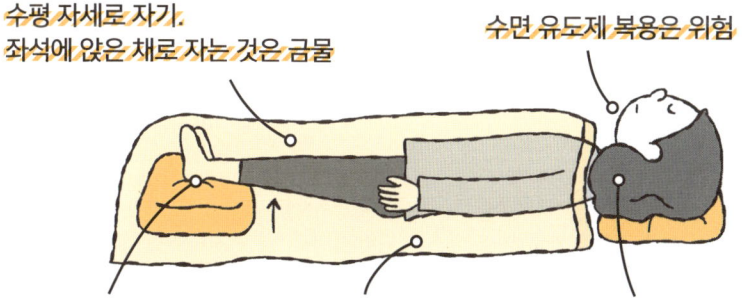

- 수평 자세로 자기. 좌석에 앉은 채로 자는 것은 금물
- 수면 유도제 복용은 위험
- 베개 등으로 다리를 높인 상태로 자기
- 중·노년 여성은 특히 주의
- 수분을 충분히 섭취하기

2016년 구마모토지진 때 재난이 발생하고 2개월 동안 이코노미클래스증후군으로 입원한 사람이 51명이었다. 그중 42명이 차박을 했다. 장시간 같은 자세로, 다리를 움직이지 않은 것이 원인이었다. 다리에 생긴 혈전이 혈관을 막았다. 특히 여성의 경우 혈전이 생기기 쉽다.
앉아서 자지 말고 수평으로 누운 채 발밑에 받침을 둔다. 부자연스러운 자세로 자기 때문에 수면 유도제를 복용하면 위험하다. 깨어 있을 때는 되도록 걷는다. 걸을 수 없으면 발목 스트레칭을 하거나 무릎 아래까지 오는 압박 스타킹을 신는다. 혈액 순환에 좋지 않으므로 다리를 꼬지 않는다. 화장실에 가기 불편하다고 수분 섭취를 줄여서는 안 된다.

* 《이코노미클래스증후군의 구마모토지진 혈전·색전보호(KEEP) 구호 안내서》 중에서

개도 사람도 텐트
텐트에서 개와 함께 지내기

텐트 생활을 하는 요령

집에 들어가지 못할 때 임시 거처로
실내에서 지내기 힘들거나 붕괴 위험이 있을 때 텐트를 치기도 한다. 필요한 물건을 보관하는 장소로도 쓴다.

차와 텐트 숙박 병용
차박과 텐트 숙박을 섞어서 생활한다. 캠핑 방수천(타프) 아래서 식사하고, 차 안에서 자면 행동반경이 넓어진다.

실내 텐트
타인의 시선을 신경 쓰지 않고 옷을 갈아입거나 잘 수 있다. 지자체에서 텐트를 지급하기도 한다.

텐트에서 생활하면 개와 한 공간에서 지낼 수 있고 사생활이 보장된다. 다리를 뻗고 잘 수 있으므로 이코노미클래스증후군 걱정도 없다. 지진을 겪으면 두려움으로 텐트 생활을 선택하는 사람도 많다. 단점은 낮과 밤의 기온 차가 심하고, 강풍이나 호우 시에는 적합하지 않다는 점이다. 벼룩과 진드기 등에 물릴 위험도 높으므로 개 구충제를 꼭 먹인다. 대피소에서 생활을 할 때에도 실내 텐트가 있으면 사생활 공간을 만들 수 있다.

➡ (40쪽) 차박과 캠핑 용품

POINT

날씨가 좋으면 텐트에서 개와 지내는 것도 괜찮다. 생존 기술을 익혀 둔다.

알면 득이 되는 생존 기술

페트병 샤워
페트병의 측면 아래쪽에 2~3mm의 구멍을 뚫는다. 구멍을 막은 뒤 물을 넣고 뚜껑을 닫으면 손가락을 떼도 물이 나오지 않는다. 조인 뚜껑을 느슨하게 풀면 구멍에서 물이 나온다. 물을 소량씩 사용할 수 있다.

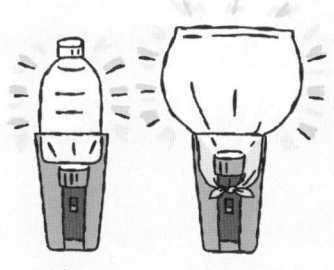

손전등 불빛 확대하기
손전등 위에 물이 든 페트병을 두거나 비닐 봉투를 씌우기만 해도 불빛이 퍼져 조명을 대신할 수 있다. 컵에 넣으면 세울 수도 있다.

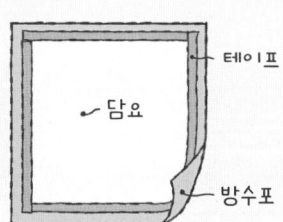

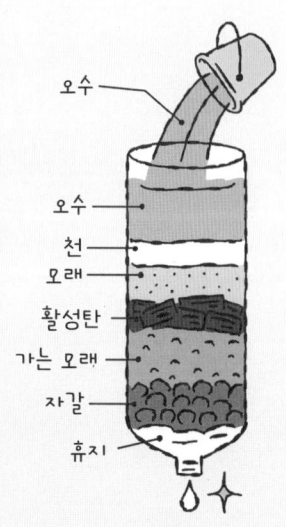

오수 여과하기
페트병 바닥을 잘라내고 뚜껑에 작은 구멍을 뚫는다. 깨끗이 씻은 자갈과 모래를 채운 뒤 오수를 부으면 불순물이 여과된다.
*마실 물로는 적합하지 않다.

간이 침낭
방수포에 담요를 붙이면 간이 침낭이 된다. 담요를 안쪽으로 해서 감아 덮는다.

배낭을 올바르게 메는 방법
무거운 물건은 배낭의 위쪽에 넣는다. 배낭이 몸에 밀착되도록 어깨끈을 짧게 한다. 가슴 벨트가 없으면 대신 수건으로 감는다.

도저히 돌볼 수 없다면
개 맡기기

동물병원이나 펫호텔에 맡기기

단골 동물병원이나 펫호텔에 맡길 수 있으면 대피소보다 개의 스트레스가 덜할 것이다. 몸이 좋지 않을 때 바로 진료를 받을 수도 있지만 입원비, 치료비 등 비용이 든다. 백신 접종을 하지 않았으면 거부당할 수 있다.

➡ {58쪽} 평소 개의 건강관리는 필수

펫호텔 대피도 있다!

태풍 등 사전에 예상할 수 있는 재난이라면 피해 걱정이 없는 펫호텔에 개를 맡기고 보호자는 숙박 시설에 숙박할 수도 있다. 반려동물 동반이 가능한 숙박 시설에서 개와 함께 묵을 수도 있다.

➡ {20쪽} 여러 피신처를 고려한다

POINT

유사시에 개를 맡길 수 있는 지인을 마련해 둔다. 개를 키운 경험이 있는 사람이 좋다.

믿을 만한 동물병원에 맡길 수 있으면 대피소에서 지내는 것보다 개의 스트레스가 덜할 것이다. 몸이 좋지 않을 때 바로 진료를 받을 수도 있다. 다만 재난 시 금방 만실이 될 것이다. 대피 생활이 장기화될 때 멀리 사는 지인에게 개를 맡길 수 있으면 좋다. 유사시를 대비해 평상시에 개를 맡길 곳을 알아본다. 개를 키워 본 경험이 있는 사람이면 더 좋다.

지인에게 맡기기

대피 생활이 장기화될 경우, 개를 맡아 줄 가족이나 지인이 있으면 좋다. 평상시에 알아본다. 먹이는 사료 등 기본 정보를 전하고, 개에게 드는 비용은 보호자가 부담한다. 개를 키운 경험이 없는 집이라면 개가 도망칠 수도 있으므로 탈출 방지책도 전달한다.

임시 보호소에 맡기기

2016년 구마모토지진 때 규슈재해동물구호센터가 피해 동물들을 임시 보호했다.

일본은 지자체나 수의사회가 조직한 현지 동물재해구호본부에서 피해 동물을 구호·보호한다. 대피소가 반려동물 출입 불가라면 이런 곳에 개를 맡기는 것도 방법이다. 2011년 동일본대지진 때는 재난이 발생하고 17일 후에 임시 보호소 수용을 시작했다. 민간 비영리단체나 자원봉사자가 맡아 주기도 한다. 어느 경우든 나중에 분쟁이 생기지 않게 맡기는 조건, 기간, 비용 등을 확인하고 각서를 교환한다.

재난 후 일상 회복이 힘들면 새 보호자를 찾는 방법도 있다

일상을 회복한 보호자가 개와 다시 함께 사는 것이 가장 바람직하다. 하지만 피해 복구가 몇 년이 걸려 남에게 맡기는 상태가 지속된다면 새 보호자를 찾는 것이 좋을 수도 있다. 신원이 확실한 사람인지, 평생 잘 돌봐줄 사람인지 판별한다. 사기를 치는 사람도 있으므로 안이하게 개를 넘겨서는 안 된다. 보호소 등에 입양을 부탁할 때는 소유권 포기 각서를 제출한다.

개의 더위 대책, 추위 대책

실내 더위 대책

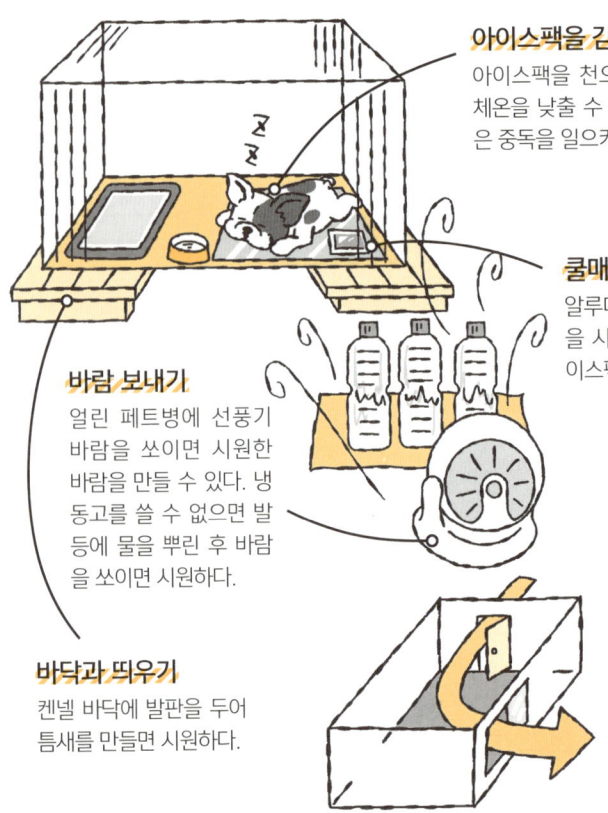

아이스팩을 감싼 천 둘러주기
아이스팩을 천으로 감싸 목에 둘러주면 체온을 낮출 수 있다. 아이스팩의 내용물은 중독을 일으키므로 주의한다.

쿨매트
알루미늄 등으로 된 쿨매트로 몸을 시원하게 한다. 매트 위에 아이스팩을 두면 더 좋다.

바람 보내기
얼린 페트병에 선풍기 바람을 쏘이면 시원한 바람을 만들 수 있다. 냉동고를 쓸 수 없으면 발 등에 물을 뿌린 후 바람을 쏘이면 시원하다.

통풍 잘되게 하기
대각선상에 있는 문이나 창문을 열면 공기가 통하기 쉽다. 공기가 들어오는 쪽은 조금만 연다.

바닥과 띄우기
켄넬 바닥에 발판을 두어 틈새를 만들면 시원하다.

정전으로 냉난방 기구를 쓸 수 없을 때 문제가 되는 것은 더위·추위 대책이다. 추위는 담요라도 덮고 있으면 되지만 더위는 더 힘들다. 전기가 없으면 아이스팩도 쓸 수 없다. 순간 냉각팩, 물에 적시면 냉각 효과가 있는 아이스 타월, 냉각 스프레이 등을 준비한다.

옮겨 다닐 수 있는 사람보다 켄넬 등에 있는 개가 열사병 위험이 더 높다. 간신히 구조한 생명을 2차 피해로 잃지 않게 주의한다.

> **POINT**
> 전기가 복구되기 전까지는 냉난방 기구를 쓸 수 없다. 더위·추위를 견딜 수 있는 아이디어와 물품이 필요하다.

실외 더위 대책

시원한 나무 그늘
나무 그늘은 햇빛을 차단할 뿐 아니라 나뭇잎이 물을 증발시켜 온도를 낮춘다. 방수천, 방수포로 만든 그늘보다 나무 그늘이 더 시원하다.

지면과 띄우기
112쪽에서처럼 개집 밑에 발판 등을 두어 틈새 만들기, 아이스팩을 감싼 천을 목에 둘러주기, 쿨매트 깔기 등은 옥외에서도 효과가 있다. 마실 물에 얼음이나 얼린 페트병을 넣어 주면 시원하다.

아스팔트보다 흙이나 잔디 위
흙이나 잔디는 물을 증발시켜 온도를 낮추기 때문에 아스팔트보다 10℃ 이상 온도 차가 난다. 개가 땅을 파서 더위를 피할 수도 있다.

➡ {95쪽} 열사병
➡ {112쪽} 대피소에서 개를 돌보는 요령

 털을 짧게 자르는 것은 역효과

털을 바싹 밀면 직사광선이나 벌레 물림에 대한 방어력이 떨어져 열사병이나 기생충의 위험이 높아진다. 장모종도 수 cm는 남기고 잘라서 피부가 노출되지 않게 한다.

분무기로 몸에 물 뿌려 주기
분무기로 개의 몸에 물을 뿌리는 것도 효과가 있다. 털보다 맨살 쪽에 뿌려 주는 것이 효과적이다. 여름에는 벌레 퇴치 대책도 필요하다. 무해한 유칼립투스나 레몬그라스 같은 아로마 오일, 페퍼민트 오일 등을 물에 섞으면 방충제 스프레이가 된다.

추위 대책

옷이나 스누드로 보온
스누드snood로 귀를 덮거나 옷을 입혀 추위를 막는다. 기능성 옷도 있다.
➡ {66쪽} 옷과 신발에 적응시키기

일회용 핫팩은 10시간 이상 열기가 지속
핫팩의 내용물을 먹지 않게 수건 등으로 감싸 사용한다. 한나절이 지나면 교체한다.

켄넬의 천장과 측면 가리기
종이 박스나 완충재(뽁뽁이)로 켄넬을 완전히 가려 외풍을 막는다.

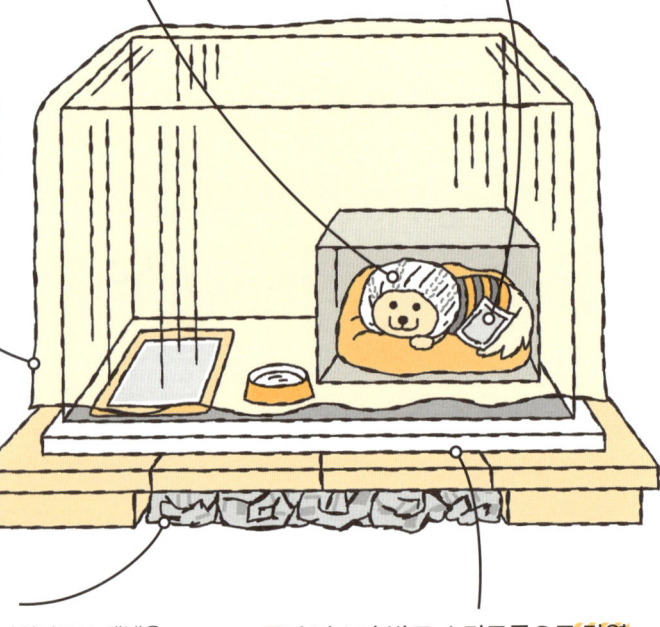

바닥면 높이기
땅바닥은 쉽게 차가워지므로 켄넬을 발판에 올려 바닥면을 높인다. 발판 아래는 신문지 등으로 채운다. 책상 등 물건 위에 켄넬을 올려도 된다.

종이 박스나 발포 스티로폼으로 단열
켄넬 바닥에 종이 박스나 발포 스티로폼, 은박 단열재를 깔면 바닥에서 올라오는 냉기를 막아 준다.

운동도 좋은 추위 대책
가만히 있으면 체온이 내려가므로 산책을 한다. 자동차나 텐트에서 함께 자면서 온기를 나눈다.

페트병으로 간이 보온 물주머니
끓인 물을 페트병에 담아 수건으로 감싸면 물주머니가 된다. 뜨거운 물은 페트병이 찌그러지니 찬물과 1 : 1로 섞어 60℃ 정도로 맞춘다.
➡ {97쪽} 저체온

사람의 더위·추위 대책

목덜미 식히기
굵은 혈관이 지나는 목, 겨드랑이에 아이스팩, 냉각 시트 등을 대면 체온이 내려간다.

위아래로 크게 펄럭이는 옷
헐렁한 옷을 입는다. 셔츠 밑단을 밖으로 뺀다. 벨트보다 멜빵바지가 열을 내보내기 쉽다.

더위 대책

모자나 양산 등으로 햇빛을 막는다. 수분, 미네랄을 섭취해 탈수를 막는다. 땀을 자주 닦으면 체온을 낮출 수 없다. 젖은 수건으로 닦아 물기를 남긴다. 휴대용 건전지 선풍기도 좋다.

면 속옷은 NO!
면 속옷은 땀이 잘 마르지 않아 냉기가 돈다. 울이나 비단, 수분을 빠르게 건조하는 기능성 속옷이 좋다.

꼬리뼈에 핫팩
꼬리뼈를 따뜻하게 하면 몸 전체가 따뜻해진다.

발끝에 알루미늄 포일
알루미늄 포일로 발끝을 감싸면 온도를 유지할 수 있다. 두 겹으로 겹쳐 신은 양말 사이에 넣는다. 걸을 때는 포일이 떨어지니 취침 때 사용한다.

추위 대책

신문지는 뛰어난 방한 물품이다. 신문지를 배에 감은 후 랩을 두르면 따뜻해진다. 발이 시리면 양말을 겹친 사이에 신문지를 넣거나 뭉친 신문지를 넣은 비닐 봉투 안에 발을 넣는다. 플리스, 패딩 재킷은 비, 눈, 바람이 강한 날에는 적합하지 않다. 방풍과 방수가 되어야 한다.

개를 잃어버렸다면

사라진 곳을 중심으로 방사형으로 찾기

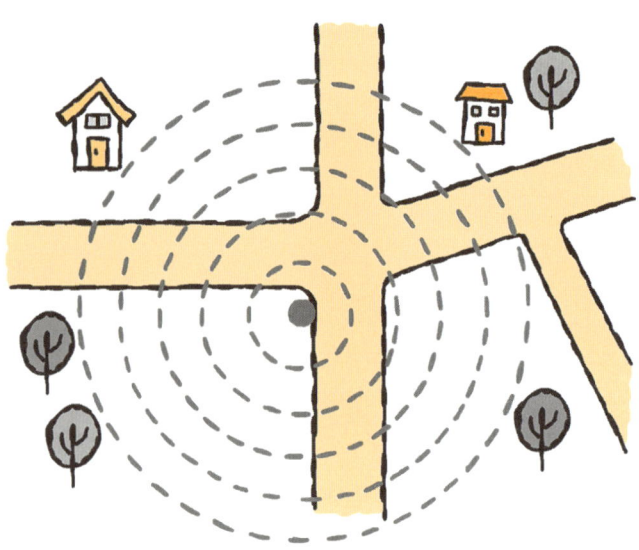

체크 포인트

- ☐ 도망친 방향
- ☐ 평소 산책 코스
- ☐ 개가 좋아하는 공원, 친하게 지내는 개의 집
- ☐ 동물병원이나 펫미용실

리드줄과 사료, 실종 전단지를 준비해 이름을 부르면서 찾는다. 사라진 곳을 중심으로 방사형으로 찾고, 방사형으로 전단지를 붙이거나 각 집 우편함에 넣는다. 행인에게도 전단지를 전한다. 개의 하루 이동거리는 소형견이 1km 이상, 중·대형견이 5km 이상이다. 겁이 많은 개는 인적이 드문 쪽으로 도망친다. 공원, 골목, 창고 등에 숨어 있다가 밤사이에 움직이기도 한다.

집이 무너지거나 피신처에서 도망쳐서 실종되는 개가 많다. 빨리 수색해서 찾는다.

지진으로 창문이 저절로 열렸거나 리드줄을 물어뜯어 도망치는 개가 많다. 빨리 수색을 시작한다. 늦을수록 멀리 갈 수 있다.

지자체에서 운영하는 유기동물 보호소는 일정 기간이 지나면 안락사를 하지만 재난 시에는 수용 기간이 길어진다.

지역의 관련 기관에 문의하기

신고처
- ☐ 파출소, 경찰서, 소방서
- ☐ 지자체의 동물 담당 부서
- ☐ 유기동물 보호소
- ☐ 동물병원
- ☐ 재해본부
- ☐ 포인핸드 등 입양 전문 기관

길 잃은 개는 눈에 띈다. 누군가 보호하고 있을 수 있으므로 관련 기관에 신고하면서 전단지도 함께 전달한다. 재난 시에는 경찰서 등도 실종 개를 확인할 여력까지는 없지만 체제가 갖춰지면 도움을 받을 수 있을 것이다. 로드킬로 죽은 경우에는 지자체에서 수거하는 경우도 있다.

실종 전단지 활용하기

보호자 혼자서 찾기에는 한계가 있다. 평상시에 사진을 넣은 실종 전단지를 만들어 비상용 가방에 넣어둔다. 잃어버린 곳 주변, 인근 동물병원, 대피소 등에 붙인다. 실종 사실을 알릴 수 있는 사이트나 앱을 활용한다.

* 우리나라도 각종 SNS, 포인핸드, 당근마켓, 온라인 모임 등을 활용할 수 있다._옮긴이

잃어버린 장소를 기재
집에서 도망쳤다면 근처에 있을 것이다. 전단지에 개의 이름, 나이는 수색에 크게 도움이 안 된다. 어디서 잃어버렸는지 등을 자세히 넣는다.

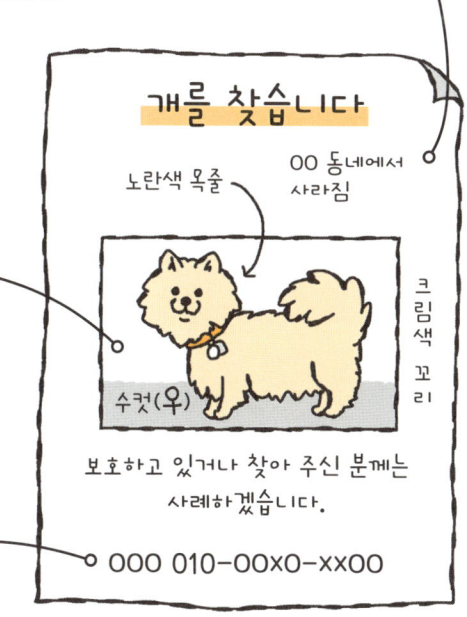

특징을 알 수 있는 컬러 사진
개의 얼굴과 무늬, 꼬리 길이와 모양, 목줄 색깔 등을 알 수 있는 컬러 사진이 필수다. 특징이 있는 사진을 여럿 넣어도 된다.

전화번호를 반드시 기재
전화번호 기재는 필수다.

*《도코노코 실종 동물 찾기 안내서》ⓒHOBONICHI

피해 복구하기

피해 사실 신고하기

우리나라는 지진, 태풍, 호우 등의 재난으로 피해가 발생하면 재난 종료 시점부터 10일 이내에 '자연재난 피해신고서'를 작성해서 피해 사실을 지자체에 신고해야 한다. 산불은 사회재난으로, 특별재난지역으로 선포된 날부터 10일 이내에 '사회재난 피해신고서'를 작성해서 신고한다. 읍·면·동 행정복지센터에 직접 방문하거나 온라인 국민재난안전포털을 통해서도 신고가 가능하다. 피해신고서를 접수하면 현장 확인 후 재난지원금을 비롯한 지원 혜택을 받을 수 있다. 반드시 복구 작업 전에 피해 상황을 찍어 둔다. '피해사실확인서'를 미리 발급받는 것이 좋다._옮긴이

재난을 틈탄 사기에 주의!

일본에서는 재난 때 수리업자로 가장해 선불을 받은 뒤 연락을 두절하거나 무료 점검을 해 주겠다며 고액 계약을 강요하는 사기도 있었다. "화재보험 혜택을 받을 수 있다", "보험 신청을 무료로 대행해 주겠다"라며 권유하는 사람도 있었다.
수리는 여러 곳에서 견적서를 받아보고, 보험 적용은 스스로 확인한다. 의심이 들면 한국소비자원 등에 상담한다.

재난 피해 후에는 복구에 힘써야 한다. 피신처에서 생활하는 중에도 집을 치우는 등 개를 위해서라도 일상을 되찾으려 노력한다.

피해 복구 관련한 상담 창구가 관공서에 마련된다. 전화 상담을 할 수도 있다. 어디서부터 시작해야 할지 막막하더라도 도움을 받아 시작한다. 자원봉사센터 등에 도움을 받을 수 있는지 문의한다.

POINT

자원봉사자의 도움과 지원 제도를 통해 피해를 복구하고, 개와의 일상을 되찾는다.

다양한 지원 제도 이용하기

이재민에게는 다양한 지원 제도가 마련된다. '피해사실확인서'를 요구할 수 있으니 피해 사실을 먼저 신고한 후 지원을 받는다. 풍수해보험이나 시민안전보험에 가입한 사람은 관련 보상을 받을 수 있다. 통장, 현금카드를 분실했을 때 신분증이 있으면 재발급을 받을 수 있다. 훼손된 지폐는 조건을 충족하면 은행에서 반액 또는 전액을 보상 교환해 준다.

* 우리나라는 재난의 유형을 '자연재난'과 '사회재난'으로 구분한다. 자연재난은 태풍·홍수·호우·대설·지진·화산 등 자연현상으로 인한 재해이며, 사회재난은 화재(산불)·붕괴·폭발·교통사고·환경오염사고·감염병 등으로 인한 피해다. 자연재난 및 사회재난 중 특별재난지역으로 선포되면 국고를 지원받을 수 있다._옮긴이

구호금 지급
자연재난 및 사회재난 중 특별재난지역으로 선포된 지역에서 인명 피해를 입었으면 구호금을 받을 수 있다.

인명 피해에 대한 의연금 지급
(자연재난만 해당)
자연재난으로 인명 피해를 입었으면 의연금도 받을 수 있다. 의연금은 위로금 성격으로 지급되는 국민 성금이다.

주택 복구비 지원
특별재난지역으로 선포된 지역에서 주택이 전파되었으면 주택 면적에 따라 지원금을 지원한다. 반파되었거나 침수 피해를 입어도 지원한다.

소상공인 지원
2023년부터 주택과 농·어업 분야로 제한한 피해 지원 대상에 소상공인이 포함되었다. 생계 안정 차원의 지원을 한다. 특별재난지역으로 선포된 지역에서 직접적인 피해를 입었다면 사업장별로 지급한다.

간접 지원
특별재난지역으로 선포된 지역은 간접 지원도 받을 수 있다. 일반재난지역에서 실시하는 혜택(국세·지방세 납세 유예, 국민연금 납부 예외, 상하수도요금 감면 등) 외에도 건강보험료 감면, 전기·도시가스·통신요금 감면 등의 혜택이 추가된다.
* 2023년 7월 기준

개와 임시주택에서 지내기

지원 주거 형태의 두 종류

	임시조립주택	공공임대주택
지원 주택	거실, 주방, 화장실 등 기본 시설 구비	빈 공공임대주택 활용
지원 기간	1년 이내, 주택 복구 시까지	6개월~2년
지원 절차	수요 조사, 시공사 선정 → 부지 선정 → 제작, 기반 공사 → 입주	지원 요청 → 공급 가능 주택 파악 → 운영방안 협의 → 계약 체결, 입주

* 2022년 8월 행정안전부가 발표한 집중호우 이재민 주거 안정 지원책 참조

2019년 강원도 산불 이재민에게 지원한 임시조립주택

2019년 태풍(미탁) 이재민에게 지원한 임시조립주택

우리나라는 재난으로 인해 주택 피해를 입었을 때 복구에 장시간이 소요되면 임시주택을 지원한다. 생활 근거지에서 생활할 수 있게 임시조립주택을 지원하거나 도심에서는 공공임대주택을 지원한다. 반려동물 동반 입주와 관련된 사항은 별도로 없다. 개와 동반 입주했다면 펫티켓을 지켜야 한다.

POINT
개와 함께 임시주택에서 지내는 경우에도 기본적인 펫티켓은 지켜야 한다.

사람과 개의 외상후스트레스장애

심한 충격이나 정신적 스트레스를 받은 후 시간이 지나도 그 경험에 강한 공포를 느끼면 외상후스트레스장애 PTSD 상태다. 재해로 가족 중에 희생자가 생기거나 주거지를 잃고, 생활에 변화가 생기면 미래에 대한 불안이 높아지는 등 스트레스가 크다. 불면, 우울, 식욕부진 같은 증상이 나타난다. 혼자서 견디려 하지 말고 전문가를 찾는다.

* 우리나라는 재난 경험자의 심리적 안정을 돕고자 재난심리회복지원센터(대표전화 1670-9512)를 운영하고 있다._옮긴이

개도 같은 증상이 나타날 수 있는데 그것이 심적 외상 때문인지, 재난 후 생활 변화에 따른 것인지는 확실하지 않다. 어느 쪽이든 스트레스가 원인으로 작용해 다양한 증상을 야기한다고 알려져 있다. 특히 식욕부진, 설사, 구토, 탈수 같은 내과적 증상을 일으키는 경우가 많다. 얌전하던 개가 예민해져 물거나 작은 소리에도 과민하게 반응하기도 한다.

무엇보다도 보호자가 차분하게 행동하는 것이 중요하다. 보호자의 불안과 동요는 반려동물에게 전해진다. 재난 발생 직후에는 보호자도 공황 상태가 되지만 개를 지켜야 한다는 사실을 상기한다. 따뜻한 말을 반복해 건네거나 스킨십도 효과가 있다. 친한 개가 심리적으로 안정되었다면 함께 지내게 하는 것도 좋다.

어떤 증상이든 반드시 수의사의 진료를 받는다. 내과적 원인일 수도 있고, 정신적 원인이면 약이나 보조제로 안정을 찾게 한다.

지켜야 할 반려동물이 있어 버텼다는 이야기는 재난을 겪은 사람들에게서 종종 들을 수 있다. 서로에게 의지하면서 어려운 상황을 이겨내야 한다.

Point
- 정신적으로 힘들다면 전문가와 상담한다.
- 보호자의 불안은 개에게 전염된다.
- 개의 증상을 반드시 수의사와 상의한다.

goods

개를 위한 비상용품 목록

필요한 물건을 다 가져갈 수는 없다. 꼭 가져가야 할 물품을 꾸린다.

동반 대피의 **필수** 물품

- ☐ 리드줄, 가슴줄(여러 개가 있으면 좋다)
- ☐ 이동장

> 내장형 마이크로칩을 삽입하고 인식표를 착용하면 개를 찾을 때 도움이 된다.

1 최우선으로 가져가야 할 것

- ☐ 사료(처방식 포함)
- ☐ 지병 약
- ☐ (필요하면) 약을 먹일 때 사용하는 투약 보조제, 주사기 등

> 사료는 적절히 소비해 가면서 되도록 많이 모아둔다.

2 가능한 한 가져갈 것

- ☐ 개가 찍힌 사진
- ☐ 개와 보호자가 찍힌 사진
- ☐ 개 건강수첩(136쪽 참조. 예방접종증명서, 각종 검사표 등도 있으면 좋다)
- ☐ 실종 전단지

> 사진, 개에게 먹이는 약, 건강수첩 등은 사진을 찍어 휴대폰에 저장한다. 구글드라이브 등 클라우드 서비스에 보관한다.

3
있으면 편리한 물품, 나중에 가져갈 물품

- ☐ 켄넬
- ☐ 배변 패드
- ☐ 배변판
- ☐ 배변봉투
- ☐ 개 방석
- ☐ 밥그릇, 물그릇
- ☐ 엘리자베스칼라
- ☐ 빗
- ☐ 장난감
- ☐ 탈취제
- ☐ 물 없이 사용하는 샴푸
- ☐ 쿨매트(여름철)
- ☐ 옷, 신발

> 무거운 켄넬은 챙기기 어렵다. 꺼내기 쉬운 곳에 두었다가 진정되면 가져온다.

사람과 공용으로 쓸 수 있는 물품

사람과 개가 함께 쓸 수 있는 물품으로 구비한다.

- ☐ 물
- ☐ 스포츠 음료(분말 형태는 부피를 덜 차지한다)
- ☐ 구급 용품(붕대, 거즈, 의료용 테이프, 면봉, 가위, 핀셋, 멸균수, 소독용 에탄올, 바셀린 등)
- ☐ 수건, 담요

- ☐ 식품용 랩
- ☐ 청테이프, 박스 테이프
- ☐ 커터칼
- ☐ 유성펜
- ☐ 신문지
- ☐ 비닐 봉투(대·소)
- ☐ 물티슈
- ☐ 휴지
- ☐ 청소도구
- ☐ 보온 물주머니, 핫팩(겨울철)
- ☐ 순간 냉각팩(여름철)
- ☐ 건전지용 선풍기(여름철)

> 성인 한 사람이 가져갈 수 있는 무게는 개를 포함해 10~15kg이다. 현실적으로 판단해야 한다.

Goods 보호자를 위한 비상용품 목록

보호자가 살아야 개를 지킬 수 있다.
처음에 가져가야 할 물품, 모아두었다가 나중에 가져갈 물품 등으로 나누어 구비한다.

비상 소지품

- ☐ 지병 약, 상비약
- ☐ 헤드라이트, 손전등
- ☐ 휴대용 라디오
- ☐ 휴대폰 충전기
  (건전지용 충전기를 준비한다)
- ☐ 헬멧, 방재모자
- ☐ 목장갑, 마스크
- ☐ 건전지
- ☐ 라이터
- ☐ 초
- ☐ 다용도칼(맥가이버칼)
- ☐ 현금, 동전
- ☐ 대피 장소 등이 표기된 지도
- ☐ 비상 담요(은박 보온 담요)

식품

- ☐ 물
- ☐ 주식(간편식 밥, 면 등)
- ☐ 주메뉴(간편식 식품, 냉동식품 등)
- ☐ 통조림(고기나 생선 반찬, 과일, 콩 종류 등)
  * 따개 없이 딸 수 있는 것
- ☐ 채소 주스, 채소 수프
- ☐ 가열 없이 먹는 음식(치즈 등)
- ☐ 과자류(초콜릿, 사탕 등)
- ☐ 건강보조식품
- ☐ 조미료(간장, 소금 등)

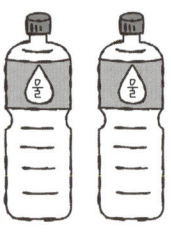

재난 상황일수록 영양가 있고 맛있는 음식을 먹어야 한다. 판매되는 재난 대비 비상식량 외에 맛있는 간편식품을 찾아본다.

물은 성인 한 사람당 1일 2~3L가 필요하다. 차나 주스를 마셔도 된다.

생활용품

- ☐ 휴지
- ☐ 여행용 티슈
- ☐ 가스버너, 부탄가스
- ☐ 비상용 간이 화장실
- ☐ 라텍스 장갑(일회용)
- ☐ 세면도구, 칫솔, 가글액
- ☐ 물 없이 사용하는 샴푸
- ☐ 살균 소독제
- ☐ 의류, 속옷

여성 용품

- ☐ 생리용품
- ☐ 팬티라이너
- ☐ 휴대용 비데
- ☐ 머리끈
- ☐ 화장수 등 기초 화장품
- ☐ 호신용 경보기, 호루라기
- ☐ 브라 톱 티셔츠

한데 모아두면 좋은 귀중품

- ☐ 통장
- ☐ 주식
- ☐ 면허증
- ☐ 건강보험증
- ☐ 약 내역 수첩
- ☐ 연금 수첩
- ☐ 인감
- ☐ 가족사진

종이로 된 것은 지퍼백에 넣으면 좋다.

개 건강수첩

대피 생활 중 개를 맡길 사람에게 전달할 정보를 적는다.
* 백신의 최종 접종일은 잊지 말고 갱신한다.

개 이름		성별	남자 ♂ 여자 ♀

얼굴, 털, 무늬, 꼬리 등
특징을 알 수 있는 사진

견종		생일	년 월 일

개의 자료

- 목줄   있음 / 없음 (특징   )
- 동물등록증   있음 / 없음 (특징   )
- 인식표   있음 / 없음 (특징   )
- 마이크로칩   있음 / 없음 (번호   )

건강 관리

중성화수술	마지막 발정일 (중성화를 하지 않은 암컷의 경우)
했음 / 하지 않음	년 월 일
광견병 예방접종	마지막 접종일
했음 / 하지 않음	년 월 일

건강관리	종합백신 접종 했음 / 하지 않음	마지막 접종일 　　년　　월　　일
	구충제 했음 / 하지 않음	마지막 투약일 　　년　　월　　일 약품명(　　　　　　　)
식사	주식 종류	
	식사 횟수	먹는 양
질환	언제부터 증상	
	질환 약(약 이름, 투약량, 투약 횟수 등)	
보호자	주소	
	전화번호	이메일
단골 동물병원	병원 이름	
	전화번호	
	주소	
	진료 시간	휴진일

정보 수집 & 안부 확인 방법

재난 시에는 올바른 정보를 파악할 수 있느냐로 명암이 갈리기도 한다.
가족과 연락할 방법을 찾는다.

전화가 먹통이어도 휴대폰의 긴급전화 이용이나 카카오톡이나 모바일 메신저 등으로 소통할 수도 있다.

도움이 되는 계정을 팔로우한다

행정안전부　@withyou3542
소방청　@safeppy
기상청　@kma_skylove
기상청 지진화산정보서비스　@KMA_earthquake
국가교통정보센터　@HappyTraffic
KBS 뉴스　@KBSnews 등

살고 있는 지역의 계정을 팔로우한다

서울경찰청 교통정보센터　@poltraffic02
대구교통정보센터　@poltra053
광주소방서　@gwangju119 등

SNS를 사용한다

- 구조 요청 내용: 산사태가 일어나 통행이 불가능한 상황입니다. 구조 부탁드립니다.
- 주소나 위치 정보: ○○○도 ○○군 ◎◎마을
- 해시태그: #구조
- 사진이 있으면 좋다

재난 시에는 전화 회선이 마비되어 긴급신고전화(112, 119)도 연결되지 않을 수 있다. 이럴 때에는 카카오톡이나 모바일 메신저 등을 이용한다.

* 2017년 허리케인 피해를 입은 미국에서 SNS에 도움을 요청하는 글을 올려 구조된 사례가 있었다. 2023년 튀르키예 지진에서는 대학생이 매몰된 건물 안에서 SNS로 구조를 요청해 목숨을 건졌다._옮긴이

카카오톡이나 모바일 메신저 사용

카카오톡이나 모바일 메신저는 재난 시 전화나 문자가 먹통이어도 사용할 수 있는 수단이다. 가족과 친구의 안부를 확인하는 데 이용할 수 있다. 일반 전화 회선이 불통이어도 인터넷 회선이 연결되어 있으면 이용할 수 있다.

가족과 친구의 안부 확인하기

미리 그룹을 만들어 두면 안부 확인을 비롯해 메시지를 주고받기가 쉽다. 메시지를 읽지 않았다면 다급한 상황임을 알 수 있다.

위치 공유하기

장거리를 걸어 집에 가야 하거나, 같은 대피 장소라도 있는 곳이 달라 가족과 만나지 못할 때도 많다. 위치 공유하기 기능이 도움이 된다.

자신의 상황 알리기

프로필에서 '상태 메시지'를 변경함으로써 자신의 상황이나 위치를 친구로 등록된 사람들에게 알릴 수 있다.

그외 도움이 되는 사이트

행정안전부 www.mois.go.kr
기상청 www.weather.go.kr
국민재난안전포털 www.safekorea.go.kr
생활안전정보 www.safemap.go.kr
응급의료포털 www.e-gen.or.kr
<휴대폰 앱> 안전디딤돌, 생활안전정보

책공장더불어의 책

개 질병의 모든 것
40년간 4번의 개정판을 낸 개 질병 책의 바이블. 개가 건강할 때, 이상 증상을 보일 때, 아플 때 등 모든 순간 곁에 두고 봐야 할 책이다.

개·고양이 자연주의 육아백과
세계적인 홀리스틱 수의사 피케른의 개와 고양이를 위한 자연주의 육아백과. 50만 부 이상 팔린 베스트셀러로 반려인, 수의사의 필독서. 최상의 식단, 올바른 생활습관, 암, 신장염, 피부병 등 각종 병에 대한 대처법도 자세히 수록되어 있다.

우리 아이가 아파요!
개·고양이 필수 건강 백과
새로운 예방접종 스케줄부터 우리나라 사정에 맞는 나이대별 흔한 질병의 증상·예방·치료·관리법, 나이 든 개, 고양이 돌보기까지 반려동물을 건강하게 키울 수 있는 필수 건강백서.

개, 고양이 사료의 진실
미국에서 스테디셀러를 기록하고 있는 책으로 2007년 멜라민 사료 파동 등 반려동물 사료에 대한 알려지지 않은 진실을 폭로한다.

개 피부병의 모든 것
홀리스틱 수의사인 저자는 상업사료의 열악한 영양과 과도한 약물사용을 피부병 증가의 원인으로 꼽는다. 제대로 된 피부병 예방법과 치료법을 제시한다.

암 전문 수의사는 어떻게 암을 이겼나
암에 걸린 세계 최고의 암 수술 전문 수의사가 동물 환자들을 통해 배운 질병과 삶의 기쁨에 관한 이야기가 유쾌하고 따뜻하게 펼쳐진다.

개가 행복해지는 긍정교육
개의 심리와 행동학을 바탕으로 한 긍정교육법으로 50만 부 이상 판매된 반려인의 필독서. 짖기, 물기, 대소변 가리기, 분리불안 등의 문제를 평화롭게 해결한다.

노견은 영원히 산다
퓰리처상을 수상한 글 작가와 사진 작가가 나이 든 개를 위해 만든 사진 에세이. 저마다 생애 최고의 마지막 나날을 보내는 노견들에게 보내는 찬사.

다정한 사신
일러스트레이터 제니 진야가 그려낸 고통받는 동물들을 새로운 삶의 공간으로 안내하는 위로의 그래픽 노블.

순종 개, 품종 고양이가 좋아요?
사람들은 품종 개, 고양이를 선호하지만 품종 동물은 유전 질환으로 고통받는다. 많은 품종 개와 고양이가 왜 질병과 고통에 시달리다가 일찍 죽는지, 건강한 반려동물을 입양하려면 어찌해야 하는지 동물복지 수의사가 알려준다.

유기견 입양 교과서
보호소에 입소한 유기견은 안락사와 입양이라는 생사의 갈림길 앞에 선다. 이들에게 입양이라는 선물을 주기 위해 활동가, 봉사자, 임보자가 어떻게 교육하고 어떤 노력을 해야 하는지 차근차근 알려준다.

임신하면 왜 개, 고양이를 버릴까?
임신, 출산으로 반려동물을 버리는 나라는 한국이 유일하다. 세대 간 문화충돌, 무책임한 언론 등 임신, 육아로 반려동물을 버리는 사회현상에 대한 분석과 임신, 육아 기간을 안전하게 보내는 생활법을 소개한다.

버려진 개들의 언덕 (학교도서관저널 추천도서)
인간에 의해 버려져서 동네 언덕에서 살게 된 개들의 이야기. 새끼를 낳아 키우고, 사람들에게 학대를 당하고, 유기견 추격대에 쫓기면서도 치열하게 살아가는 생명들의 2년간의 관찰기.

유기동물에 관한 슬픈 보고서 (환경부 선정 우수환경도서, 어린이도서연구회에서 뽑은 어린이·청소년 책, 한국간행물윤리위원회 좋은 책, 어린이문화진흥회 좋은 어린이책)
동물보호소에서 안락사를 기다리는 유기견, 유기묘의 모습을 사진으로 담았다. 인간에게 버려져 죽임을 당하는 그들의 모습을 통해 인간이 애써 외면하는 불편한 진실을 고발한다.

치료견 치로리 (어린이문화진흥회 좋은 어린이책)
비 오는 날 쓰레기장에 버려진 잡종 개 치로리. 죽음 직전 구조된 치로리는 치료견이 되어 전신마비 환자를 일으키고, 은둔형 외톨이 소년을 치료하는 등 기적을 일으킨다.

사람을 돕는 개
(한국어린이교육문화연구원 으뜸책, 학교도서관저널 추천도서)
안내견, 청각장애인 도우미견 등 장애인을 돕는 도우미견과 인명구조견, 흰개미탐지견, 검역견 등 사람과 함께 맡은 역할을 해내는 특수견을 만나본다.

용산 개 방실이
(어린이도서연구회에서 뽑은 어린이·청소년 책, 평화박물관 평화책)
용산에도 반려견을 키우며 일상을 살아가던 이웃이 살고 있었다. 용산 참사로 갑자기 아빠가 떠난 뒤 24일간 음식을 거부하고 스스로 아빠를 따라간 반려견 방실이 이야기.

개.똥.승. (세종도서 문학 부문)
어린이집의 교사면서 백구 세 마리와 사는 스님이 지구에서 다른 생명체와 더불어 좋은 삶을 사는 방법, 모든 생명이 똑같이 소중하다는 진리를 유쾌하게 들려준다.

장애견 모리
(한국출판문화산업진흥원 중소출판사 우수 콘텐츠 제작지원 선정, 학교도서관저널 이달의 책)
21살의 수의대생이 다리 셋인 장애견을 입양한 후 약자에 배려 없는 세상을 마주한다.

수술 실습견 쿵쿵따
수술 경험이 필요한 수의사들을 위해 수술대에 올랐던 개 쿵쿵따. 8년을 수술 실습견으로, 10년을 행복한 반려견으로 산 이야기.

개에게 인간은 친구일까?
인간에 의해 버려지고 착취당하고 고통받는 우리가 몰랐던 개 이야기. 다양한 방법으로 개를 구조하고 보살피는 사람들의 아름다운 이야기가 그려진다.

동물과 이야기하는 여자
SBS 〈TV 동물농장〉에 출연해 화제가 되었던 애니멀 커뮤니케이터 리디아 히비가 20년간 동물들과 나눈 감동의 이야기. 병으로 고통받는 개, 안락사를 원하는 고양이 등과 대화를 통해 문제를 해결한다.

우주식당에서 만나 (한국어린이교육문화연구원 으뜸책)
2010년 볼로냐 어린이도서전에서 올해의 일러스트레이터로 선정되었던 신현아 작가가 반려동물과 함께 사는 이야기를 네 편의 작품으로 묶었다.

펫로스 반려동물의 죽음 (아마존닷컴 올해의 책)
동물 호스피스 활동가 리타 레이놀즈가 들려주는 반려동물의 죽음과 무지개다리 너머의 이야기. 펫로스(pet loss)란 반려동물을 잃은 반려인의 깊은 슬픔을 말한다.

후쿠시마에 남겨진 동물들
(미래창조과학부 선정 우수과학도서, 환경부 선정 우수환경도서, 환경정의 청소년 환경책)
2011년 3월 11일, 대지진에 이은 원전 폭발로 사람들이 떠난 일본 후쿠시마. 다큐멘터리 사진 작가가 담은 '죽음의 땅'에 남겨진 동물들의 슬픈 기록.

후쿠시마의 고양이 (한국어린이교육문화연구원 으뜸책)
동일본대지진 이후 5년. 사람이 사라진 후쿠시마에서 살처분 명령이 내려진 동물을 죽이지 않고 돌보고 있는 사람과 함께 사는 두 고양이의 모습을 담은 사진집.

강아지 천국
반려견과 이별한 이들을 위한 그림책. 들판을 뛰놀다가 맛있는 것을 먹고 잠들 수 있는 곳에서 행복하게 지내다가 천국의 문 앞에서 사람 가족이 오기를 기다리는 무지개다리 너머 반려견의 이야기.

바래다 줄 수 있다면
아이가 삶을 다했을 때 천국까지 바래다 줄 수 있다면 얼마나 좋을까. 절벽을 오르고 불구덩이를 지나 씩씩하게 천국까지 바래다 주는 내용의 그림책.

고양이 천국
(어린이도서연구회에서 뽑은 어린이·청소년 책)
고양이와 이별한 이들을 위한 그림책. 실컷 놀고, 먹고, 자고 싶은 곳에서 잘 수 있는 곳. 그러다가 함께 살던 가족이 그리울 때면 잠시 다녀가는 고양이 천국의 모습을 그려냈다.

깃털, 떠난 고양이에게 쓰는 편지
프랑스 작가 클로드 앙스가리가 먼저 떠난 고양이에게 보내는 편지. 한 마리 고양이의 삶과 죽음, 상실과 부재의 고통, 동물의 영혼에 대해 써 내려간다.

고양이 질병의 모든 것
40년간 3번의 개정판을 낸 고양이 질병 책의 바이블. 고양이가 건강할 때, 이상 증상을 보일 때, 아플 때 등 모든 순간에 곁에 두고 봐야 할 책이다. 질병의 예방과 관리, 증상과 징후, 치료법에 대한 모든 해답을 완벽하게 찾을 수 있다.

고양이 그림일기
(한국출판문화산업진흥원 이달의 읽을 만한 책)
장군이와 흰둥이, 두 고양이와 그림 그리는 한 인간의 1년 치 그림일기. 종이 다른 개체가 서로의 삶의 방법을 존중하며 사는 잔잔하고 소소한 이야기.

고양이 임보일기
《고양이 그림일기》의 이새벽 작가가 새끼 고양이 다섯 마리를 구조해서 입양 보내기까지의 시끌벅적한 임보 이야기를 그림으로 그려냈다.

고양이는 언제나 고양이였다
고양이를 사랑하는 나라 터키의, 고양이를 사랑하는 글 작가와 그림 작가가 고양이에게 보내는 러브레터. 고양이를 통해 세상을 보는 사람들을 위한 아름다운 고양이 그림책이다.

나비가 없는 세상
(어린이도서연구회에서 뽑은 어린이·청소년 책)
고양이 만화가 김은희 작가가 그려내는 한국 고양이 만화의 고전. 신디, 페르캉, 추새. 개성 강한 세 마리 고양이와 만화가의 달콤쌉싸래한 동거 이야기.

고양이와 함께 살아남기!
재난 대비 생존북
화재·지진·폭우·폭설이 잦아진 기후 재난의 시대. 고양이와 함께 재난을 대비하고, 안전하게 대피하는 방법을 알아본다.

고양이 안전사고 예방 안내서
고양이는 여러 안전사고에 노출되며 이물질 섭취도 많다. 고양이의 생명을 위협하는 식품, 식물, 물건을 총정리했다.

동물을 만나고 좋은 사람이 되었다
(한국출판문화산업진흥원 출판 콘텐츠 창작자금지원 선정)
개, 고양이와 살게 되면서 반려인은 동물의 눈으로, 약자의 눈으로 세상을 보는 법을 배운다. 동물을 통해서 알게 된 세상 덕분에 조금 불편해졌지만 더 좋은 사람이 되어 가는 개·고양이에 포섭된 인간의 성장기.

동물을 위해 책을 읽습니다
(한국출판문화산업진흥원 출판 콘텐츠 창작자금지원 선정, 국립중앙도서관 사서 추천 도서)
우리는 동물이 인간을 위해 사용되기 위해서만 존재하는 것처럼 살고 있다. 우리는 우리가 사랑하고, 입고, 먹고, 즐기는 동물과 어떤 관계를 맺어야 할까? 100여 편의 책 속에서 길을 찾는다.

퇴역 경주마 초롱이
뉴질랜드에서 태어나 한국에서 경주마로 고작 2년을 뛰다가 퇴출된 초롱이. 아픈 다리로 12년간 승용마 생활을 견뎠다. 좋은 엄마를 만나 말처럼 살았던 초롱이 이야기.

채식하는 사자 리틀타이크
(아침독서 추천도서, 교육방송 EBS 〈지식채널e〉 방영)
육식동물인 사자 리틀타이크는 평생 피 냄새와 고기를 거부하고 채식 사자로 살며 개, 고양이, 양 등과 평화롭게 살았다. 종의 본능을 거부한 채식 사자의 9년간의 아름다운 삶의 기록.

대단한 돼지 에스더
(환경부 선정 우수환경도서, 학교도서관저널 추천도서)
인간과 동물 사이의 사랑이 얼마나 많은 것을 변화시킬 수 있을까? 300킬로그램의 돼지 덕분에 채식을 하고, 동물보호 활동가가 되는 놀랍고도 행복한 이야기.

인간과 개, 고양이의 관계심리학
함께 살면 개, 고양이와 반려인은 닮을까? 동물학대는 인간학대로 이어질까? 248가지 심리실험을 통해 알아보는 인간과 동물이 서로에게 미치는 영향에 관한 심리 해설서.

황금 털 늑대
(학교도서관저널 추천도서)
공장에 가두고 황금빛 털을 빼앗는 인간의 탐욕에 맞서 늑대들이 마침내 해방을 향해 달려간다. 생명을 숫자가 아니라 이름으로 부르라는 소중함을 알려주는 그림책.

동물에 대한 예의가 필요해
일러스트레이터인 저자가 청소년들에게 지금 동물들이 어떤 고통을 받고 있는지, 우리는 그들과 어떤 관계를 맺어야 하는지 그림을 통해 이야기한다. 냅킨에 쓱쓱 그린 그림을 통해 동물들의 목소리를 들을 수 있다.

사향고양이의 눈물을 마시다 (한국출판문화산업진흥원 우수출판 콘텐츠 제작지원 선정, 환경부 선정 우수환경도서, 학교도서관저널 추천도서, 국립중앙도서관 사서가 추천하는 휴가철에 읽기 좋은 책, 환경정의 올해의 환경책)
내가 마신 커피 때문에 인도네시아 사향고양이가 고통받는다고? 내 선택이 세계 동물에게 미치는 영향, 동물을 죽이는 것이 아니라 살리는 선택에 대해 알아본다.

동물학대의 사회학 (학교도서관저널 올해의 책)
동물학대와 인간폭력 사이의 관계를 설명한다. 페미니즘 이론 등 여러 이론적 관점을 소개하면서 앞으로 동물학대 연구가 나아갈 방향을 제시한다.

동물주의 선언 (환경부 선정 우수환경도서)
현재 가장 영향력 있는 정치철학자가 쓴 인간과 동물이 공존하는 사회로 가기 위한 철학적·실천적 지침서.

적색목록 (한국만화영상진흥원의 2021년 다양성만화제작 지원사업과 2023년 독립출판만화 제작 지원사업 선정)
끝없이 멸종위기종으로 태어나 인간에게 죽임을 당하는 동물들을 그린 그래픽 노블. 인간은 홀로 살아남을 것인가?

동물노동
인간이 농장동물, 실험동물 등 거의 모든 동물을 착취하면서 사는 세상에서 동물노동에 대해 묻는 책. 동물을 노동자로 인정하면 그들의 지위가 향상될까?

인간과 동물, 유대와 배신의 탄생 (환경부 선정 우수환경도서, 환경정의 선정 올해의 환경책)
미국 최대의 동물보호단체 대표가 쓴 21세기 동물해방의 새로운 지침서. 농장동물, 산업화된 반려동물 산업, 실험동물 등 현대의 모든 동물학대에 대해 다루고 있다.

동물들의 인간 심판 (대한출판문화협회 올해의 청소년 교양도서, 세종도서 교양 부문, 환경정의 청소년 환경책, 아침독서 청소년 추천도서, 학교도서관저널 추천도서)
동물을 학대하고, 학살하는 범죄를 저지른 인간이 동물 법정에 선다. 고양이, 돼지, 소 등은 인간의 범죄를 증언하고 개는 인간을 변호한다. 이 기묘한 재판의 결과는?

묻다 (환경부 선정 우수환경도서, 환경정의 올해의 환경책)
구제역, 조류독감으로 거의 매년 동물의 살처분이 이뤄진다. 저자는 4,800곳의 매몰지 중 100여 곳을 수년에 걸쳐 찾아다니며 기록한 유일한 사람이다. 그가 우리에게 묻는다. 우리는 동물을 죽일 권한이 있는가.

동물원 동물은 행복할까?
(환경부 선정 우수환경도서, 학교도서관저널 추천도서)
동물원 북극곰은 야생에서 필요한 공간보다 100만 배, 코끼리는 1,000배 작은 공간에 갇혀 살고 있다. 야생동물보호운동 활동가인 저자가 기록한 동물원에 갇힌 야생동물의 참혹한 삶.

고등학생의 국내 동물원 평가 보고서
(환경부 선정 우수환경도서)
인간이 만든 '도시의 야생동물 서식지' 동물원에서는 무슨 일이 일어나고 있나? 국내 9개 주요 동물원이 종보전, 동물복지 등 현대 동물원의 역할을 제대로 하고 있는지 평가했다.

동물 쇼의 웃음 쇼 동물의 눈물
(한국출판문화산업진흥원 청소년 권장도서, 한국출판문화산업진흥원 청소년 북토큰 도서)
동물 서커스와 전시, TV와 영화 속 동물 연기자, 투우, 투견, 경마 등 동물을 이용해서 돈을 버는 오락산업 속 고통받는 동물들의 숨겨진 진실을 밝힌다.

야생동물병원 24시 (어린이도서연구회에서 뽑은 어린이·청소년 책, 한국출판문화산업진흥원 청소년 북토큰 도서)
로드킬 당한 삵, 밀렵꾼의 총에 맞은 독수리, 건강을 되찾아 자연으로 돌아가는 너구리 등 대한민국 야생동물이 사람과 부대끼며 살아가는 슬프고도 아름다운 이야기.

숲에서 태어나 길 위에 서다 (환경정의 올해의 청소년 환경책, 환경부 환경도서 출판 지원사업 선정)
한 해에 로드킬로 죽는 야생동물 200만 마리. 인간과 야생동물이 공존할 수 있는 방법을 찾는 현장 과학자의 야생동물 로드킬에 대한 기록.

동물복지 수의사의 동물 따라 세계 여행
(환경정의 올해의 청소년 환경책, 한국출판문화산업진흥원 중소출판사 우수 콘텐츠 제작지원 선정, 학교도서관저널 추천도서)
동물원에서 일하던 수의사가 동물원을 나와 세계 19개국 178곳의 동물원, 동물보호구역을 다니며 동물원의 존재 이유에 대해 묻는다. 동물에게 윤리적인 여행이란 어떤 것일까?

똥으로 종이를 만드는 코끼리 아저씨
(환경부 선정 우수환경도서, 한국출판문화산업진흥원 청소년 권장도서, 서울시교육청 어린이도서관 여름 방학 권장도서, 한국출판문화산업진흥원 청소년 북토큰 도서)
코끼리 똥으로 만든 재생종이 책. 코끼리 똥으로 종이와 책을 만들면서 사람과 코끼리가 평화롭게 살게 된 이야기를 코끼리 똥 종이에 그려냈다.

고통받은 동물들의 평생 안식처 동물보호구역
(환경부 선정 우수환경도서, 환경정의 올해의 어린이 환경책, 한국어린이교육문화연구원 으뜸책)
고통받다가 구조되었지만 오갈 데 없었던 야생동물의 평생 보금자리. 저자와 함께 전 세계 동물보호구역을 다니면서 행복하게 살고 있는 동물을 만난다.

물범 사냥 (노르웨이국제문학협회 번역 지원 선정)
북극해로 떠나는 물범 사냥 어선에 감독관으로 승선한 마리는 낯선 남자들과 6주를 보내야 한다. 남성과 여성, 인간과 동물, 세상이 평등하다고 믿는 사람들에게 펼쳐 보이는 세상.

전쟁과 개 고양이 대학살
1939년, 영국에서 한 달 동안 40만 마리의 개, 고양이가 안락사되었다. 전쟁 시 인간에게 반려동물이란 무엇일까?

동물은 전쟁에 어떻게 사용되나?
전쟁은 인간만의 고통일까? 자살폭탄 테러범이 된 개 등 고대부터 현대 최첨단 무기까지, 우리가 몰랐던 동물 착취의 역사.

햄스터
햄스터를 사랑한 수의사가 쓴 햄스터 행복·건강 교과서. 습성, 건강관리, 건강식단 등 햄스터 돌보기 완벽 가이드.

어쩌다 햄스터
사랑스러운 햄스터와 초보 집사가 펼치는 좌충우돌 동물 만화. 햄스터를 건강하게 오래 키울 수 있는 특급 노하우가 가득하다.

실험 쥐 구름과 별
동물실험 후 안락사 직전의 실험 쥐 20마리가 구조되었다. 일반인에게 입양된 후 평범하고 행복한 시간을 보낸 그들의 삶을 기록했다.

토끼
토끼를 건강하고 행복하게 오래 키울 수 있도록 돕는 육아 지침서. 습성·식단·행동·감정·놀이·질병 등 토끼에 관한 모든 것을 담았다.

토끼 질병의 모든 것
토끼의 건강과 질병에 관한 모든 것, 질병의 예방과 관리, 증상, 치료법, 홈 케어까지 완벽한 해답을 담았다.

**개와 함께 살아남기!
재난 대비 생존북**

초판 1쇄 2025년 8월 12일

엮은이 네코비요리 편집부
옮긴이 전화영
편집 김보경

교정 김수미
디자인 나디하 스튜디오(khj9490@naver.com)

인쇄제작 정원문화인쇄
펴낸이 김보경
펴낸 곳 책공장더불어

책공장더불어
주소 서울시 종로구 혜화로16길 40
대표전화 (02)766-8406
이메일 animalbook@naver.com
블로그 http://blog.naver.com/animalbook
인스타그램 @animalbook.modoo

ISBN 978-89-97137-95-4 (03520)

*잘못된 책은 바꾸어 드립니다.
*값은 뒤표지에 있습니다.